前言——為了活得像自己而寫的哲學導讀書

動漫、哲學、成長。這本書的目的到底是什麼？

目的就是讓大家藉由面對自己，提高意識並獲得成長。動漫不過是一個切入點，而哲學也只是一種工具。

階級社會、全球化、以ＡＩ為首的科技急速進步，令人不禁覺得，這個世界對人類似乎愈來愈難以生存了。實際上，在這樣的社會中為了生活方式而煩惱、意識低迷失自我的人也正在增加。

過，這些各式各樣的煩惱，都可以靠轉換意識來解決。

為我們是由自己的意識所控制的，就算社會不改變，也能夠藉由轉換意識，快積極地活下去。

，憑藉意識，說不定連社會都能改變。所以我認為在現在這個時代，提升意識是最重要的事，提高意識就能獲得成長。

而要針對意識進行思索，哲學就是最有用的工具。畢竟對於哲學而言，意識就是史上最重要的主題之一。

在哲學最興盛的近代，即便說意識就是哲學最大的主題也不為過。正因如此，稍後會在本書中登場的近代哲學集大成者——黑格爾，也選擇以意識作為他主要著作《精神現象學》的主題。

不只是黑格爾，從古至今，哲學家們圍繞著意識直接或間接提出的概念，用來分析我們的迷惘意識，也可以算是十分有效的。這就是為什麼哲學這門學問會成為具有普遍性的知識，也就是無論放到哪個時代都通用的知識。

看到這裡，我想各位已經了解，以哲學作為工具來幫助我們提高意識並獲得成長的原因是什麼了。

不過，為什麼要以動漫作為切入點呢？

關於這一點也必須說明。其實，是因為動漫的母題就在於意識的型態。許多動漫是為了指引孩子們該怎麼生活而被製作出來的。相信也有很多讀者從小就受到動漫的耳濡目染吧。而我也是其中之一。在這層意義上，動漫都會淺顯易懂地描繪出思想或是成長的狀況。

所以我才會將這些家喻戶曉的動畫作為共通的題材，來客觀地審視意識這個東西。就像一開始寫的一樣，我們意外地不大了解自己。自己抱持著什麼樣的意識，或是意識處於什麼狀態，這些都是自己看不見的。因此只能拿他人作為範本來思考。於是我想到可以運用動漫角色，這個身為「他人」的淺顯易懂範本。

具體而言，第一章會以《阿松》作為切入點，探討意識的否定。我認為否定意識也是一種控制意識的方法。第二章會以「吉卜力動畫」作為切入點，探討意識的浮游。我認為使意識上升，能讓我們擁有高度的意識。

第三章會以《海螺小姐》、《櫻桃小丸子》、《團地友夫》作為切入點，探討意識的標準化。在日本，和大家一樣確實就是通往幸福的道路。

第四章會以《新世紀福音戰士》作為切入點，探討意識的迷宮。在現在這個時代，意識尤其容易迷失，我認為我們的首要之務就是救出那迷失的意識。第五章會以《七龍珠》和《火影忍者》作為切入點，探討意識的爆發。意識中蘊藏著能夠無限爆發的潛力。一定要將那股潛力用在正確的方向。

第六章會以《航海王》作為切入點，探討意識的航海。意識是為了冒險而存在的，人生成功的關鍵就在於如何引導意識。第七章會以《精靈寶可夢》和《妖怪手錶》作為切入點，探討意識的變化。意識之所以難以控制，是因為在某種意義上，它本身就是個會變化的東西。

第八章會以《哆啦A夢》作為切入點，探討意識的成長。應該可以說，這就是提高意識的正統路線。第九章會以《你的名字》作為切入點，探討意識的連結。我們也必須去關注無法自主控制意識的另一個面向。

而第十章則會以總結的形式，針對肯定不成熟這個主題進行討論。也就是說，煩惱這件事本身絕對不是一件壞事。

如同上述，本書介紹作品裡出現的每一種意識，都是我們非常熟悉的心情。每個人都會有不想努力的時候，相對地，也會有想要成長的時候，而這本來就會令人不知該如何是好。

這些都與意識有關。我們不管陷入什麼狀況，最終都會想要往上爬到下一個層級，也就是渴望成長。

雖說如此，我的意思也不是指每個人都想成為所謂的高意識系。提高意識指的不是別的，正是對自己的意識變得更有自覺，並去控制它。

換句話說，就是活得像自己。

人類是一種被意識所支配的生物。要說一個人是否能馴服自己的意識，就決定了人生是好是壞也不為過。如果被意識牽著鼻子走，那就稱不上活得像自己。

在這一點上，本書所介紹的動漫主角們，最後都算是走向了提高意識的方向。

動漫作品中雖然沒有描寫得如此明確，但就像文學一樣，其中多少都有暗示這些事。我會利用哲學，使這個部分變得更加明確。因為，哲學具有將至今未能看清的事情變得清楚明確的力量。

時代一年比一年紛亂，但是無須感到害怕。只要不被牽著鼻子走，活得像自己就好了。若是本書能引導各位達到上述目的，我將感到非常榮幸。

最後，簡單說明一下本書的架構。

本書不是解析動漫作品的書，甚至也不是哲學書，而是一本極度直言不諱的自我啟發書。刻意將各章分成兩大架構，把詳細的哲學內容另外獨立出來，也是因為上述原因。可以先用閱讀自我啟發書的心情來閱讀第一部分動漫相關內容，再接著閱讀第二部分，進一步深入認識哲學；也可以在閱讀第一部分的時候，將第二部分當作參考書來參考學習。

希望所有想要面對自己並獲得成長的人都來閱讀本書。

送給與動漫相遇的你
自我探索引領指南
CONTENTS

第 2 章

吉卜力動畫×西田幾多郎

——與真正自己的相處方式

第3章

櫻桃小丸子×桑德爾

——建立剛剛好的人際關係方法

第4章

新世紀福音戰士×德希達

——擺脫迷惘的方法

第5章

七龍珠×列維納斯

——讓自己變強大的方法

第6章

航海王×羅素

——得到幸福的方法

伯特蘭・羅素／阿蘭／卡爾・希爾提

第7章 精靈寶可夢×德勒茲
——讓自己進化的方法

插圖／MORNING GARDEN INC.
內頁設計、DTP／松好那名(matt's work)

第 1 章

阿松
×
尼采

讓人活得堅強的思考方式

本章會以《阿松》作為切入點，並運用尼采的哲學作為分析工具，論述刻意否定意識的效用。有可能取代高意識系的另一種生活方式為何？

隱藏在阿松現象背後的東西

近年來，掀起了一股稱為「阿松現象」的有趣風潮。最近爆紅的《阿松》是以赤塚不二夫所創作的漫畫《小松君》改編而成的後續故事。《阿松》雖然是在深夜時段播放的動畫，周邊商品卻不斷推陳出新掀起了風潮。內容是六胞胎與愛胡鬧的配角們交織而成的無厘頭故事。據說特別受到包含女性在內的年輕世代歡迎。主角們對於被二分為人生勝利組和人生失敗組的社會以及懷才不遇的日常一笑置之，無憂無慮地過著生活。我覺得現代年輕世代的內心糾葛，似乎可以從此窺見一斑。

那就是也可稱為「否定意識」的哲學主題。

所以我想利用德國哲學家尼采的思想作為線索，來探究隱藏在這個現象背後的現代社會問題與年輕世代的內心糾葛。因為尼采也是一名從否定意識這個立足點出發，解開內心糾葛，摸索如何堅強活下去的人物。

首先簡單介紹一下，《阿松》到底是一部怎樣的動畫吧。故事主角是下述的六胞胎。

長子小松的個性像個天真無邪的小學生，完全沒有長子的樣子。次子空松愛耍酷、自我意識過剩，而這些部分經常失控。三子輕松是負責吐槽的角色，但極度不擅長面對女性。四子一松個性陰沉且說話毒舌、愛諷刺人。五子十四松情緒總是異常高亢，是行動難以預料的怪人。六子椴松就像個標準老么一樣會耍小心機，總是想著要在兄弟中脫穎而出，是個闖禍精。

最有趣的地方是，明明大家都已經長大成人，卻是一群完全沒有幹勁的尼特族。雖說如此，但他們並沒有灰心喪志，反而像孩子一樣率直、天真、極度開朗。作品中談到的議題包含尼特族、就業困難、黑心企業等社會黑暗面，卻可以將這些事情一笑置之，這份爽快感就是它大受歡迎的原因。

那麼，為什麼這六胞胎都不在意自己是尼特族呢？

有時候他們表面上會說些看似在意的話，可是那怎麼看都不像是他們的肺腑之言。

我想他們應該是在否定意識。從拿高意識系開玩笑的故事劇情中也能窺知一二。提高意識就代表從他們兄弟之中脫穎而出，是一種異常。

一般來說，意識是會提高的，所以人會尋求自我啟發、懷著上進心採取行動、試圖在社會上有所表現。也就是說，如果完全沒有這種感覺，就算是在否定意識。

回顧我自己的人生也能清楚知道這一點。努力奮鬥的時候，都是意識高的時候。如果這種狀態無法持續就會出現問題，不過人類天性就是如此吧。

那些被叫作「高意識系」的人，也不是一開始就這樣的，都是遇到了某個轉捩點才會成為現在的樣子。比如大學入學或出社會之類的，總之都是受到某種影響，然而這個狀態不一定會一直持續。

接受一切事物原本的樣子

可是，雖然能夠提高意識，但是我們能夠否定意識嗎？

這裡就要稍微參考一下尼采的哲學了。

前面提到，尼采曾經否定意識。為什麼尼采會想要否定意識呢？因為他認為，人類再怎麼有意識地採取行動，該發生的事就是會發生。

也就是說，再怎麼掙扎都是徒勞。確實，這世上發生的事情無關我們的意識或意志。這就是尼采對現實的基本認知。

這麼一想，抗拒這世上的痛苦只是徒勞而已，不公平也是無可奈何的事。這種想法和阿松兄弟不謀而合。一旦開始哀嘆世界的不可理喻，我們就會陷入不幸，然後變得鬱鬱寡歡。

尼采本人就是如此。他在二十幾歲時就成為大學教授，還出了書。然而他的著作完全不被世人所接受，還因病辭去教職。之後他就開始了流浪般的生活。和朋友處不來，戀愛也不順遂。聽起來很不合理，對吧？

尼采說，遇到不合理的事情時，有兩個解決辦法。一個是以對自己有利的角度來解釋事情，另一個則是接受事情的原貌。這與判斷事物價值的方法之間具有對等關係。

換句話說，以對自己有利的角度解釋事情，就是以對自己有利的角度判斷事物的價值。這稱為奴隸價值標準。而接受事情的原貌，就是依據價值判斷，接受事情原本的樣子。這稱為貴族價值標準。

若以奴隸價值標準作為基礎，遇到不合理的事情時，就會為了把事情往對自己有利的方向解釋而顛倒是非。

例如，不認為找不到工作是自己的問題，而是覺得工作這件事本身很可笑；當自己得不到好評價時，就覺得是社會有問題。如果能這麼想，心裡應該會感到輕鬆許多吧。

然而，尼采卻批判這種態度。他提出了虛無主義的概念。顧名思義，虛無主義指的是認為不管做什麼都是徒勞的消極態度。正是虛無主義讓人逃避正面面對問題，使人變得軟弱。

這就是尼采批判的原因。變軟弱的人必須仰賴某些東西才能過活，因此會變得愈來愈弱小與卑微。此時尼采腦中想到的是，當時支配整個歐洲社會的基督教與其提倡的道德。每個人都仰賴著基督教而活。

但那是因為他們弱小的關係。如果足夠強大，就沒有必要仰賴神明。因為弱小，才會陷入虛無主義。

如孩童般的直率就是堅強的祕訣

阿松兄弟顯然並沒有受到虛無主義的毒害。他們反而是依據貴族價值標準，試圖去接受問題原始的樣貌。至少看起來是這樣的。雖然他們一點也沒有貴族的樣子，不過確實具有一種超然的態度。

他們簡直就像是尼采在《查拉圖斯特拉如是說》裡描寫的超人一般。超人是能夠跨越不斷重複相同痛苦「永劫回歸」狀態的存在。只有超人知道上帝已死，因為他知道，這個世界上已經沒有任何東西可以讓人依靠了。

正因如此，超人才能夠堅強地活下去。就算同樣的痛苦再次降臨，超人也不會把事情往對自己有利的方向解釋，藉此欺騙自己，反而會原原本本地接受那份痛苦，心想

「好，再試一次」而重新站起來。

那個樣子似乎和天真直率的六胞胎兄弟一點也不搭。

不，不是這樣的。那份孩子氣的直率才是堅強的祕訣。尼采將孩子氣的直率描寫為強者的美德，因為那份直率是無條件肯定自我、肯定現狀的引擎。再也沒有麻煩的意識來攪局了。

尼采說：「意識會表現出人類不完美且時而病態的狀態。」所以一定要否定意識。

我不禁覺得，現代的年輕世代之所以會對阿松兄弟產生共情，是因為憧憬這份全新的強大。這與尼采哲學在現代社會形成一股風潮的現象不謀而合。而這也是理所當然的，畢竟兩者共享著相同精神，並採取著相同行動。

無論是被叫作人生失敗組的人，還是尼特族、打工族、家裡蹲，其實都想要活得堅強。不僅是狹義上的人生失敗組，不屬於一目了然人生勝利組的大多數普通人也是如此。因為，他們都想要活得更快活。

可是社會的風氣卻不允許他們如此。社會的道德觀認為，無論有什麼樣的理由，不工作就是不對。一旦被這樣說，任何人都會啞口無言。我們的社會把道德當作絕對正確的觀念灌輸給了大家。沒有人會去懷疑，也沒有任何人告訴大家那種事是有可能的。

就在這時，《阿松》橫空出世，告訴大家那是有可能的。《阿松》裡面也有出現激烈的性描寫與暴力描寫。有哪個動畫會出現遭受槍擊而流血的畫面？至今為止有哪個男主角會問女主角是否拍過色情片？在《阿松》裡，這些都是被允許的。

也就是說，道德被若無其事地消除了。

這正是尼采曾經做過的事。用尼采的話來說就是，軟弱的人才會去遵從道德這種東西。如果擁有真正的堅強，比起道德，更應該遵從自己的生命吧。舉例來說，明明想要活下去，卻礙於道德而不吃死者的肉，這就是不健全的行為。

更不用說，如果沒有工作的必要，而自己也不想工作的話，不工作也無妨。這六胞胎兄弟很幸運地，能夠靠父母過活。既然如此，就不用勉強自己去黑心企業賣命。

這部動畫向我們拋出了如此強烈的訊息。

從《阿松》中學習堅強的生活方式

我以前曾為一名年過三十的男性進行諮商。

他說自己到現在還在靠父母養，自稱家事幫手。我給了他以下建議：只要自己覺得沒問題，有何不可呢？這就是貴族評價標準。因為我認為，若能接受這個狀況並快樂地生活，那就完全不成問題。

小孩子也是這樣快樂生活的，不能說年過三十之後就不是小孩子了。在父母眼中孩子永遠都是孩子。

更何況，在現今的時代，幾乎所有事情都無關年齡。有十幾歲的創業家，也有八十歲的大學生。用不著擔心，想工作的人會為我們支撐這個社會。現在沒有工作的人，有一天也有可能開始想工作。

最重要的是，讓活著這件事變得更喜悅吧。別把它當成悲傷或痛苦。阿松就是在告訴我們這個道理。

尼采一直在說命運之愛。世界上有些事情是偶然發生的，遇到這些偶然時，我們會深受感動，覺得神奇、是奇蹟。

但其實，人生中發生的所有事情都是偶然，因為每件事都是絕無僅有的。尼采雖然將相同痛苦反覆出現的現象稱作永劫回歸，但他所要表達的絕對不是人生可以重來好幾次。人生只有一次。

因此必須要熱愛命運。這麼一想，不覺得一切事情都變得可愛了嗎？不覺得沒有什麼事是徒勞無功的嗎？如果人生只是朝向目標筆直延伸的一條路，那麼在路上停留就只是浪費時間而已，偏離路線更是荒謬至極。

但人生並非一直線，而是更加複雜、模糊不清。目標這種東西根本不存在，那不過是自己創造出來的幻想。證據就是，目標可以憑藉自己的意志改變無數次。

我自己也改變過好幾次目標。改變想考的學校、改變想從事的職業、改變工作、改變畢生志業。換句話說，目標這種東西，不過是為了活下去的便宜之計。被這個便宜之計搞得人仰馬翻，不就本末倒置了嗎？

在阿松兄弟的腦中，肯定不存在那種一直線的人生架構吧。對他們來說，別說是複雜了，從另一種意義上來看，人生或許是相當單純的。就像是無邊無際的原野一樣。當然，在那個原野上要往哪個方向前進都可以。要往前走多遠全看自己，如果你想的話，不前進也行。

就和孩童在原野上玩耍一樣。先前提過，尼采將孩童的直率描寫成強者的美德，而我們就是在原野上嬉戲的孩童。我們必須去愛這件事本身，因為這是一段非常幸福的時光。這段幸福的時光不會結束，硬要去結束它是毫無道理的。

阿松現象今後恐怕也會一直持續下去，但我指的不是這股風潮。每當這部動畫播放，這股風潮應該都會捲土重來，但那只是暫時性的。

我要說的不是這個，而是只要這個社會上還存在人生勝利組和失敗組這種二元分化的狀態，阿松現象就不會消失。因此阿松兄弟這種否定意識的生活方式也會一直有效。

叔本華的積極放棄

我想藉由讓意識低空飛行這件事來談論的議題，是意識的否定。

一般認為前文介紹的尼采就是其典型，但是以思想上的脈絡來看，是有歷史可循的。尼采並非橫空出世，前面還有為他思想做準備的歷史背景。那正是叔本華的思想，尼采也承認自己受到他很大的影響。

因此說叔本華也曾經談論過意識的否定也不為過。不過，他的說法是「意志」的否定。

那麼，為什麼一定要否定意志呢？

人類命中注定要為煩惱所苦。因為人類具有慾望，卻不能將慾望全部實現。

換句話說，叔本華所說的意志，指的並非理性的意志，而是無關理性、以身體活動的形式呈現出來的生存意志。也就是說，那份生存意識構成了世界。

然而，那份生存意志是既沒有根據也沒有目的的盲目意志，它對人類來說是無窮無盡，所以人類的慾望總是無法得到滿足，導致活著這件事充滿痛苦。叔本華所提倡的不是別的，正是擺脫那份痛苦的方法。

他首先談到藝術的力量。藝術屏除了來自人類的主觀或客觀等要素，將人類提升到從意志慾望的一切痛苦中解脫的立場。然而問題來了，透過藝術獲得的解脫，是極為稀有且暫時性的。

他接下來談論透過道德獲得的解脫。這裡說的道德是具有恆常性、而非暫時性的道德。活著會感到痛苦，就意味著作為生活一部份的道德，也會和他人一起感受到痛苦。

換句話說就是同情。人會藉由同情，試圖去理解他人的痛苦。

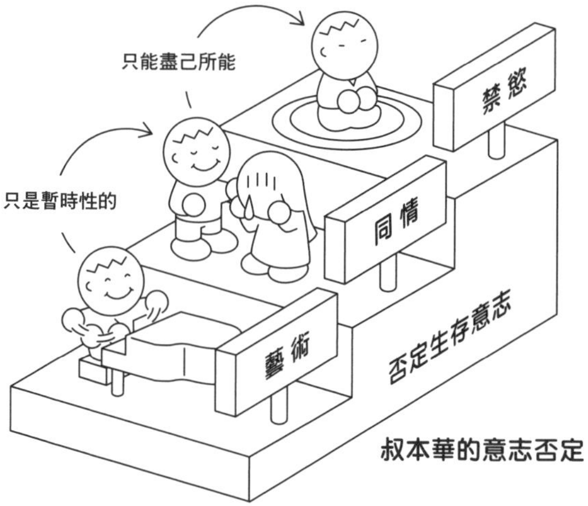

但就算是在這種狀態下，實際上我們也只能盡己所能幫助他人而已。從這層意義上來看，還是沒有辦法從活著的痛苦中得到究極的解脫。除了否定「生存意志」本身，別無他法。

而能實現這件事的方法，就是「禁慾」。叔本華所說的禁慾，據說是來自佛教中諦念的這個概念。意思就是積極的放棄。

在這層意義上的意志否定，才能讓人從苦惱中獲得決定性的解脫。

尼采提出的善惡基準

尼采非常欣賞叔本華，並以他的理論為基礎建構了自己的思想。從尼采說過的話中就能看出，他否定所有一般人認為有價值的事物。

以下這些激進的話語都可說是應證了這一點。

「毀滅本性懦弱之人的毒物，對強壯之人來說是一種增強劑。」（《快樂的科學》）、「堅信是比謊言更危險的真理之敵。」（《人性的，太人性的》）、「什麼？偉人？我看到的只是努力實現自己理想的演員。」（《善惡的彼岸》）。

壞東西對強者來說也有所助益、堅信是真理之敵、偉人只是演員之類的。依我看，尼采否定的這些事物正是意識。

根據尼采的說法，在判斷一件事的善惡時，存在著前面提過的兩種基準。一種是貴族價值標準，一種是奴隸價值標準。前者是靠自己判斷善惡。能夠自我肯定，覺

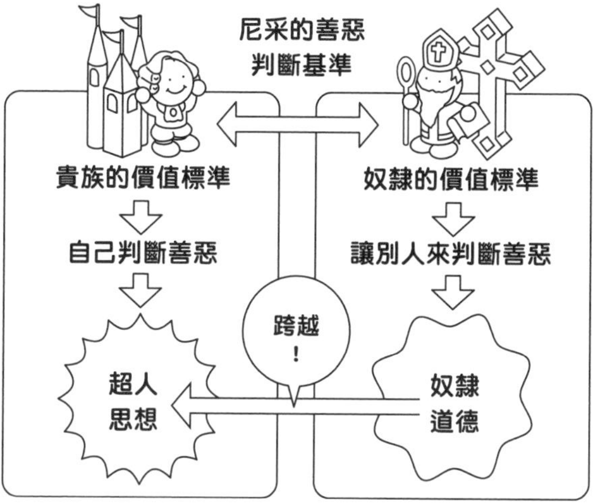

得自己善良的人就屬此類。

相對地，後者是以他人的評價來判斷善惡。因為這種人心中沒有評判自己正確與否的那把尺。

別人當然不可能永遠都給予我們正面評價，因此當我們遭受批評時，就會感到反感。尼采將這種反感稱為「無名怨憤」，可說是一種內心的復仇。

心想「其實是那些人錯了」、「他們一定是在欺負我」。

由於這就像是受欺壓奴隸為了安慰自己而深信的道德，所以稱為「奴隸道德」。從這裡就可以一窺尼采否定意識的源頭。但是尼采並不認為維持現狀就好。

因此，他呼籲大家要跨出奴隸道德的藩籬，成為超人。要反抗強大的力量、反抗大眾認為的常識並貫徹自我，確實需要具備超人的心理素質。可是如果不這麼做，就會一輩子活得怨天尤人、憤世嫉俗。他認為既然如此，還不如抱持著超然的心態生活。

巴塔耶提出的價值否定

許多思想家都深受尼采影響，而其中和尼采一樣主張價值否定的，就屬法國的喬治・巴塔耶了。而他的思想，一言以蔽之，就是將西方社會一直以來不願正視的事物攤在陽光下。可以說是在批判西方社會中不容動搖的價值和理性，重視與之正相反的非理性。

巴塔耶思想探討的主題與眾不同。

例如西班牙文化、口語拉丁語、搞笑、神祕主義、革命等等，這些事物的共通點，就是不被一般大眾理解和接受。

當時的西方世界認為西班牙不屬於西方，口語拉丁語也是一門快要失傳的語言，而搞笑沒有道理和邏輯，神祕主義和革命也可以說是例外情況。也就是說，他在否定主流的價值。

而他所提出的概念也可以說是否定的，比如卑微的唯物主義、非知的黑夜以及情色論等等。

以卑微的唯物主義為例，顧名思義，是將關注點放在異質且被人視為禁忌的東西上。實際上他提供給雜誌的圖片中，也有著被屠殺的動物、畸形兒、骸骨寺地下教堂等內容。

情色論也是其中一例。情色通常被視為禁忌，但是巴塔耶卻以肯定的態度看待情色，稱情色是追求生命的力量彼此交合。

「情色是對生命的讚揚，至死方休。」他如此說道。

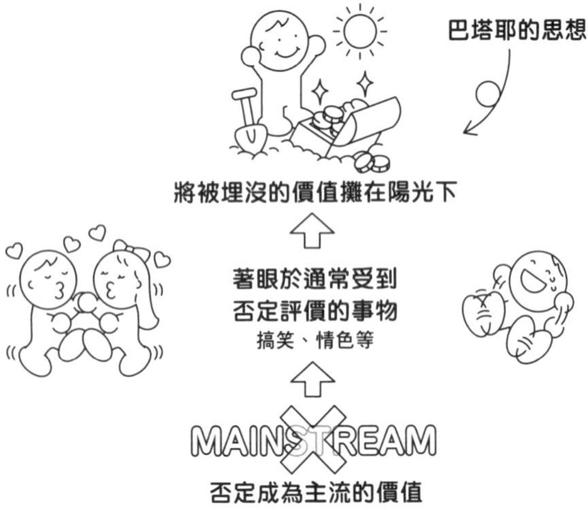

換句話說，因為每個人都是不連貫的個體，所以只要人活著，就會追求連貫性，也就是與他人連結。當追求連貫性的力量試圖彼此交合時，就會綻放出人類生命的本質。

可以說，所謂的情色就是與人建立連結並活下去。

巴塔耶藉由否定主流價值，企圖將被埋沒的價值攤在陽光下。無論在什麼時代、什麼地方，都存在著這樣的行為。

不可能每個人都用相同的方式生活。

阿圖爾・叔本華
（1788～1860）

德國哲學家。是一名才華受到歌德賞識的才俊，然而在柏林大學任教時，不敵當時聲勢如日中天的黑格爾，遭受挫折，最後在失意之下離開大學，專心著述。

在思想上，他主張意志比知性重要。他是一名悲觀主義者，認為想要壓抑膨脹的慾望以獲得幸福，就只能否定意志。他也是知名的愛狗人士。著有《作為意志和表象的世界》等書。

弗里德里希・尼采
（1844～1900）

德國哲學家。出生於路德教派牧師家庭，是家中長子，大學攻讀古典語文學，二十幾歲便獲得巴賽爾大學的教授職位。然而，他只當了教授短短十年左右，便因病請辭。辭去大學教職後，他專職寫作，可惜作品尚未完成就發瘋了。

在思想上，他將基督教視為奴隸道德，並宣稱「上帝已死」。藉由追求力量的意志，肯定反覆經歷相同事件的永劫回歸，主張要堅強地過活。著有《悲劇的誕生》、《快樂的科學》、《查拉圖斯特拉如是說》等書。

喬治・巴塔耶

（1897～1962）

法國哲學家。畢業於巴黎文獻學院，後來進入法國國家圖書館任職。看著父親受病痛折磨，因而對變態的事物產生興趣。

在思想上，他受到尼采很大的影響，成了一名無神論者。探討死亡、情色這類乍聽之下很負面的議題，寫作領域廣泛。其大幅偏離知性傳統的思想，在當時不為大眾所理解，但在現代獲得高度評價。著有《眼睛的故事》、《情色論》等書。

第 2 章

吉卜力動畫 × 西田幾多郎

與真正自己的相處方式

本章會以吉卜力動畫作為切入點，並運用西田幾多郎無的哲學作為分析工具，論述讓意識浮游的方法。要怎麼做才能面對真正的自己，找出自己理想的樣子呢？

遇見真正的自己

你有見過真正的自己嗎？

或是，有試圖去尋找過真正的自己嗎？

建議對自己感到不滿的人，去尋找真正的自己。因為一個人要在認識真正的自己後，才有辦法思考自己該做什麼。所以，我們的首要之務就是面對自己。

本章會適度參考吉卜力動畫和西田幾多郎的哲學，闡述我們該如何見到真正的自己。

自己，是一種看似最熟悉，但實際上最陌生的存在。因此，面對自己並非易事。如果是別人，我們只要稍微觀察一下就能了解，但是我們無法觀察自己。雖然可以透過錄影來觀察，但那頂多只能觀察到自己的表面，和觀看他人沒有兩樣。

面對自己指的是觀察自己的內心，必須要像用於精神分析的解夢一樣，深入意識層面才行。

沒錯，就從夢境開始說起吧……

經常聽到有人說夢見自己在天空翱翔。我也曾經夢過。那是一種彷彿鳥兒在廣闊的天空中展翅，像風一樣浮游的不可思議感受。明明實際上沒有體驗過，不知道為什麼在夢中卻可以飛翔。

你也有過這種經驗嗎？

這或許是從盪鞦韆時浮游在空中的感覺，或是漂浮在水中的感覺轉換而來的。不管怎麼說，意識在夢中都是浮游的。這種意識的浮游，究竟意味著什麼呢？

吉卜力的主角與我們不同，他們可以實際在空中飛翔。

就算只看宮崎駿親自編導的長篇作品，也會發現在《風之谷》裡，娜烏西卡使用飛行器乘風飛行；在《天空之城》裡，有靠著飛行石讓人們與城市浮在空中的設定；在《龍貓》裡，拿著雨傘的龍貓帶著小月和小梅一起飛上天空，此時小月說了一句：「我們變成風了。」

在《魔女宅急便》裡，琪琪騎著掃帚飛上天空，開始送貨的工作；在《紅豬》裡，受到詛咒而變成豬的波魯克開著飛行艇當賞金獵人；在《魔法公主》裡，小桑像忍者一樣飛簷走壁；在《神隱少女》裡，千尋坐在化成龍的白龍身上翱翔天際；而《風起》根本就是一部以飛機為主角的電影。

為什麼會出現這麼多飛翔的場景呢？應該會有人覺得很不可思議吧。當然，每一部作品中的每一個畫面，都具有特別的意義。

例如在《天空之城》中，巴魯看到希達從空中降落，便說感覺一定會有好事發生。對於憧憬著空中國家拉普達的巴魯來說，飛翔這件事本身就是他的憧憬，這一點對於所有搶奪飛行石的登場角色來說都是一樣的。

在《龍貓》中，小月和小梅抱著單手拿雨傘、腳踩陀螺的龍貓一起飄浮起來，在空中自由自在地飛翔，小月開心地脫口說出：「我們變成風了。」之前小月在雨天借了傘給龍貓，而這正是龍貓給她的回禮。

在《魔女宅急便》中，飛翔就是琪琪的身分認同，當她無法順利飛行就會感到壓力和煩惱。苦惱到最後，琪琪就像是跨越了身分認同危機般再次飛上天空，也找回了自信。

總的來說，我們可以從這裡知道，主角們都是對某些事情懷抱憧憬，所以才要飛上天空。當我們夢到自己飛翔在空中時，應該也可以說是對某些事情懷抱憧憬。一言以蔽之，那份憧憬就是理想的自己。我們憧憬著理想的自己。那個雖然現在還沒辦法飛翔，但總有一天能飛上天空的自己。

當然，這只是一種比喻。我們並不是真的想要飛上天空，只是想要接近自己理想的狀態，想要遇見真正的自己。而這股意念便以飛翔的形式出現在夢中。

獲得解放，得到自由的瞬間

話雖如此，為什麼一定要飛上天空呢？

別的地方不行嗎？

地面上充滿各種限制所以不列入討論，但宇宙和水中感覺也很不錯。可是在宇宙和水中不僅無法呼吸，也沒辦法自由活動。

就這一點而言，人類最能感受到自由的地方就是天空了。因為天空中沒有道路和指標。開飛機需要依循航線飛行，但是一個人在空中飛翔並不會受到任何規範。雖然這只是假設的情況。

我們都希望擺脫制約，獲得自由。

「像鳥兒一樣自由地在空中翱翔」——有時候會看到這樣的描述。飛翔是獲得自由的隱喻，也正是從名為地面的現實中逃離的方法。

人們透過飛翔，從被制約五花大綁的狀態中解脫，與沒有制約的天空化為一體。先前小月說的「我們變成風了」這句台詞，可以說是其象徵。

小月和小梅滿心不情願地跟著家人搬家到鄉下。因為母親生病長期住院，她們過著充滿束縛又寂寞的日子。

在這痛苦的現實中，發生了像是做夢般的事。那就是龍貓帶著她們飛上天空的經歷。這個分不清是現實還是夢境的不可思議經驗，就是她們從制約中解脫的瞬間。

丟掉束縛自己的東西

接下來要與日本哲學家——西田幾多郎的思想進行結合。

小月的那句台詞，讓我想到了西田在《善的研究》中談論的「純粹經驗」概念。這是一種「還沒有主客之分，知識與其對象完全合一」的狀態。就像是自己與自己所經歷過的事情揉雜在一起，也可以稱為原經驗的一種狀態。

在明確意識到自己在做什麼、在想什麼之前的階段，就像是世界誕生的前一刻，所有存在物質的原子都彼此融合、混合在一起的狀態。

想像成在意識到事物之前的忘我狀態，應該會更好理解。

舉例來說，就像是在專心聽音樂時，開始思考「這是什麼歌」的前一刻。此時的自己就是與對象融為一體，正在經歷某種體驗。以小月和小梅的例子來說明，就是與風融為一體，正在經歷某種體驗。

要面對自己的意識時，我們會變成偶然事件。而這正是純粹經驗。為了找到理想的自己，無論如何都必須要把自己相對化。若不這麼做，就無法進入自己的意識。光是在地面上爬來爬去，是不可能實現這一點的。

要進入意識之中，一定要離開地面。換句話說，就是一定要朝向天空，解開名為自己的制約。

若是代換成我們實際的日常生活，就意味著暫時將學歷或工作等現實制約置於意識之上，一筆勾銷。

被貼上大學名稱、公司名稱這些標籤的自己，恐怕並不是真正的自己。因此我們一定要擺脫這些標籤，得到自由。當我們開始上學，學校的名稱就會成為自己的身分認同；出社會上班後，又換成公司名稱成為身分認同。

但是那絕對不是真正的自己。對於被貼上學校或公司名稱標籤的這件事覺得滿意時倒還好，但當你有一天突然對此感到厭惡，或一開始就對此感到不滿，那些標籤就只是一種制約。

我過去也曾對自己被貼上的標籤感到厭惡。雖然那些標籤並不差，但是我開始對於別人只透過公司名稱來認識我一事感到不滿。因為這同時也代表，只要拿掉公司名稱，我就什麼也不是。

於是我辭去工作，踏上了尋找自我的旅程。然而我犯了一個錯，那就是我當時光是撕下客觀上的標籤就感到滿足了，並沒有去處理隱藏在自己心中的主觀標籤。那個主觀標籤就是身為知名企業前員工的自負，以及畢業於知名大學的驕傲。

未能獲得自由的我，最後還是無法讓意識浮游，當然也沒能找到真正的自己。就這樣，我在一事無成的狀態下度過了將近五年的時間。

當時我靠著打工勉強維生，詛咒著無法展翅高飛的自己，甚至頻繁地夢見浮游的噩夢。當我年過三十，開始在市公所工作後，才終於擺脫這種痛苦的日子，找到真正的自己。因為這時候的我終於撕掉了曾經在知名企業工作、畢業於知名大學這些標籤。如果沒有這麼做，我應該沒辦法作為一個三十歲的老菜鳥重返職場，在市公所工作吧。

經歷了這些痛苦之後，我終於能夠讓意識浮游，也找到了真正的自己。那就是與哲學一同生活的自己。我一邊在市公所工作，一邊學習哲學，最後甚至實現了以哲學家為業的生活。

從我自己的經驗中也能清楚知道，如果要從被制約五花大綁的狀態中脫身，並了解真正的自己，不僅需要撕掉自己外在的客觀標籤，還要撕去牢牢黏在自己心中的主觀標籤才行。而將這件事化為可能的，就是純粹經驗。

我們可以藉由純粹經驗消除主觀與客觀的界線，朝著自己的可能性敞開自我。此時，意識才會開始浮游，我們也才能逐漸看到真正的自己。不會受主觀限制什麼也看不見，也不會像客觀看別人一樣只看見自己的表面，而這種狀態正是意識浮游。

如何成為理想中的自己

在浮游之後，我們會見到什麼樣的自己呢？

理想中的自己究竟是什麼樣子呢？

有人說，那就像是神一般的存在。但是我們不該抱有這種期望，因為我們人類是無法成為神的。人們應該很快就會知道，懷抱那種理想只會招致挫折。我們應懷抱的理想，必須得是更有可能實現的事情。

這裡預設的是自己所能達到的最理想狀態。照理說，這應該是有可能實現，而且對自己而言最理想的狀態。西田將之稱為善的實現。

顧名思義，《善的研究》這本書的目標就是探究善這個概念。而它的答案，就是實現人格。只要達到那樣的狀態，意識就會統一，個人也可能為人類的發展帶來貢獻。

也就是說，我們透過讓意識浮游追尋的目標，就是實現那名為善的人格。而這正是我們在尋找的真正的自己。乍聽之下，這似乎與我們一般認知善的意思不同，但是對人類來說，善的狀態應該就是得到滿足的狀態吧。因為只要能在生活中把自己的特質與能力發揮到極限，無論是誰應該都會感到滿足才是。

有時候會用「把實力全部發揮出來」或「盡力做到最好」等方式表述，這種時後我們身心都會非常充實，並且感到滿足。當然也會得到周遭人們的讚賞，因為這是一件非常棒的事情。

換句話說，就是非常善的事情。要是每天，不，要是人生中的每一個瞬間都能得到這樣的充實感，那該有多幸福啊。

當然，光是讓意識浮游，是沒辦法立刻實現這種善的。但至少對於自己今後該如何生活這一點，應該會有更加明確的想法。是否擁有過這個經驗，會讓之後的生活方式大有不同。

因此，一度體驗過飛翔的人，都能夠堅強地活下去。就像吉卜力動畫的小月、琪琪和千尋她們一樣。她們之所以會憧憬天空、飛上天空，可以說都是這個緣故。

但是與吉卜力的主角——希達和琪琪她們不同，無法憑自己力量飛上天空的我們，究竟要去哪裡才能獲得這種體驗呢？

有什麼可以替代天空的場所嗎？

如果有的話，那個場所應該具備以下兩個條件。

第一，是可以讓意識得到自由，第二則是具有無限的可能性。天空之所以是最適合讓意識浮游的場所，是因為意識在空中可以自由解放，而且有著無限的可能性。

只要能滿足這兩個條件，就算不是天空也行，甚至不必是物理上的空間。由於身體和心靈是分開的，所以可以在身體沒有浮游的情況下，只讓心靈浮游。而且只讓心靈浮游的話，似乎就有辦法準備出能無限擴展的場所。

每個人都能得到自由的場所

接下來要參考西田提出的「場所」概念。

西田將場所定義為意識與對象產生聯繫的地方。為意識所準備的場所本來就不只一個，它可以假設成各種東西，因為這是一種概念，並不是在談論天空、海洋、公園這種真實存在的物理性場所。如果沒有以這個前提來思考，西田的理論可能就會變得莫名其妙、難以理解。

西田所說的場所分為「限定有的場所」、「相對無的場所」、「絕對無的場所」三種類型，在每種場所能看見的東西各有不同。

限定有的場所只是單純活動，相對無的場所是意識作用，而絕對無的場所則是真正的自由意志。所謂的單純活動，就是尚未達到意識層面的心靈活動，因此與意識和真正的自由意志放在一起比較，就可以知道這些場所的等級是依序提升的。

也就是說，從單純活動開始，經過意識，抵達絕對無的場所，才能獲得真正的自由意志。絕對無可說是無限。正因為絕對無是能夠無限擴展的空間，才能讓不受任何制約的自由成為可能。

換句話說，我們只有在絕對無的場所才能獲得自由。西田認為這種場所是有可能存在的。他說的當然不只是物理、空間上的場所，而是為了意識所準備的形上學層面的場所，也就是在腦中想像出來的空間。

吉卜力動畫中描繪的天空，也可以說是讓意識浮游，而非讓身體浮游的場所。不，或許吉卜力動畫本身就是一個讓意識浮游的場所。因為我們會在看了吉卜力動畫後開始想像自由，驅動自由意志。

任何事都辦得到的自己

欣賞動畫的方式有百百種。其中一種方式是單純當作娛樂，不去思考深奧的事情；也可以將動畫與自己的人生相互對照，以像在進行哲學思辨般的方式觀賞。你會選擇哪一種呢？

假設你選了後者，或許就透過模擬體驗，與主角獲得相同的意識成長。在吉卜力動畫中頻繁出現的主角浮游畫面，總是能讓我們思考自己的人生。對於無法實際飛上天空的我們來說，那會是一段讓意識在無限想像空間中浮游的時光。

至今為止，吉卜力動畫一直受到世界各國男女老少觀眾的喜愛，其中當然有很多因素，包括不可思議故事、角色魅力、故事背後哲學、動聽音樂等等。

不過我想最大的原因，應該在於意識浮游的部分吧。

每個人都擁有一股想知道自己是誰、想成為怎麼樣的人並將這份理想明確化的慾望。

即便這份慾望是潛在的，吉卜力動畫也會把它用空中浮游的形式象徵性地呈現出來，我認為這就是吉卜力動畫的特色。我們每個人都是為了騎乘掃帚飛行而不斷掙扎的琪琪。

看見飛不起來的琪琪使力試圖讓自己飛起來的時候，不知道為什麼，我們也會跟著用力。這種感情移入，就是我們奮力掙扎的證據。

話說回來，我的人生中曾有過一次實際的浮游經驗，也就是在母親肚子裡的時候。漂浮在羊水中的我們讓身體和意識浮游，體現未知的可能性。

在這層意義上，人類可能原本就具有浮游的記憶，所以應該是能夠浮游的才對。當各位遭遇瓶頸、對充滿制約的日常感到束手無策時，請務必要讓意識在無限的想像空間中浮游。

請閉上眼睛，想像不受束縛的理想自己。忘掉什麼事都做不到的自己，想像什麼事都做得到的自己。

因為你原本就具備這個能力。

詹姆斯的純粹經驗

先前以西田幾多郎的純粹經驗為中心探討了意識的浮游。

但其實西田提出的這個概念其來有自。那就是實用主義思想家——威廉・詹姆斯的思想。

為了探討詹姆斯所說的純粹經驗意義，我們必須從他對意識的想法開始看起。他針對意識列舉了五個特徵，分別是「個人性」、「變化」、「連續」、「志向性」、「選擇」。

換句話說，意識是指個人內部的問題，其中隨時都在變化，同時也是連續不斷的。而且意識具有志向性，因而能發揮認知自己是一個獨立對象的功能，然後篩選出有該對象的部分。

假設眼前有一本書，我們會如何去意識那本書呢？

首先意識到那本書的，不是別的，正是我這個人。但是我不僅對書產生意識，也試圖去意識各式各樣的事物。而且隨時都在意識某種東西，從不間斷。

如果那時眼前有一本書，意識就會集中到那本書上，對吧？

在那一刻，就已經知道眼前那本書和我是各自獨立的對象，而且應該也已經明確區別出周邊的其他東西了。這就是意識到眼前這本書的過程。而這正是詹姆斯所說的意識。

當然，意識本身並不像書本一樣是有實體存在的。根據詹姆斯的說法，所謂的意識只不過是呈現出認知事物的功能而已。純粹經驗便是由此而生。

西田幾多郎的無的哲學

純粹經驗被認為是構成世間萬物的唯一材料。以認知到某種東西的經驗為例，純粹經驗可以是藉由該經驗認知到某物的意識，也可以是被認知的對象。

西田就是受到這個部分影響。因為西田所說尚未有主客之分的狀態，指的正是認知意識與被認知對象。而西田將之稱為純粹經驗。

所謂的純粹經驗，是進入經驗之前原始狀態，也可以說是在意識到事物之前、類似忘我狀態的感覺。

比如在專心聽音樂時，開始思考「這是什麼歌」的前一刻；或是吃了從未見過的食物，開始思考「這是什麼味道」的前一刻，雖然可能只是極為短暫一瞬間，但理論上那個瞬間是有可能存在的。在那個瞬間，萬物是合一的。

西田將純粹經驗視為連接自己與他人的統一力之根基，類似於宇宙整體的統一力，並且基於無限這層意義，用「無」來表現它。因此，這裡的無並不單純是指有的相反，也就是說，並非不存在的意思。

西田設想的意識之概念就源自於無。

人類的意識活動，是主觀裡包含客觀，在這種情況下，意識就是映照出對象的「場所」。因此，若是要認知所有對象，就需要無限大的意識，也就是無的場所。

西田還想將這個無的場所概念提升到究極狀態。也就是說，無的場所終究只是意識能夠認知的東西，在這層意義上，它依然在主觀意識的範疇內。於是西田提出了此概念，絕對無的場所位在自己的根基，是自己的根據，同時又超越自己。

是自己的根據，同時又超越自己，聽起來或許相當矛盾。實際上，西田也將之置換為「絕對矛盾的自我同一」這個惡名昭彰的表達方式。

不過，個物與一般者，或者一與多，各自都是絕對矛盾的存在，有時候卻會在同一個場所具有相互關係，彼此影響。這是因為它們都以絕對無這個概念作為媒介，所以才得以在矛盾的狀態下同時存在。

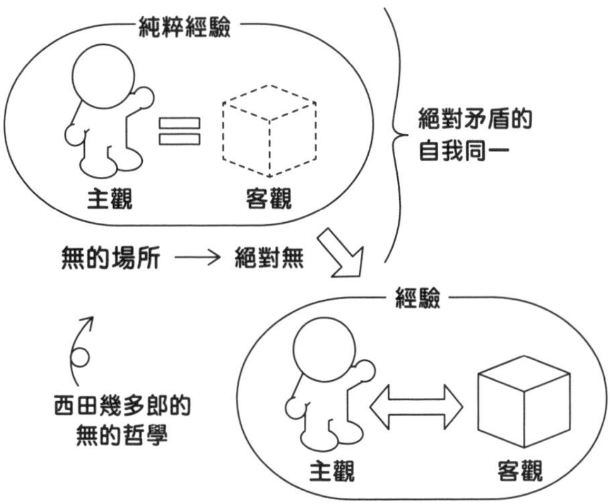

用最簡單的說明方式，就是互相矛盾的事物可以同時存在這個概念上的共通基礎，正是絕對無。

試想，不限於剛才提到的個物與一般者、一與多這些物理上的東西，也包含愛與憎這些感情在內，存在於這個世界上的所有事物可以說都是在矛盾的前提下成立的。因此，也可以說絕對無是世界的基礎。

於是，西田哲學就建構出了「無的哲學」。

種的邏輯與構想力

在西田之後的日本哲學，可說是都以無的批判性繼承作為使命。例如田邊元，他是西田的弟子，同時也是西田最主要的批判者。

田邊批判西田哲學只是立足於無的經驗、單純用來思辨的概念，欠缺行為和創造方面的考量。用我前面的說法來解釋，就是如果只有西田所提出的無，意識就會永遠都在浮游。於是田邊提出「種」的意義，作為居中連結無的概念與個的論述。也就是「種的邏輯」。

然而遺憾的是，因為二次世界大戰前軍國主義的影響，他所提倡的種，被結合了全體主義國家下的民族概念。

雖然田邊本人並無此意圖，但當他在論述代表人性、理想國家的「類」，以及居中連結個人的「個」與代表民族國家的「種」時，難免會招致誤解。

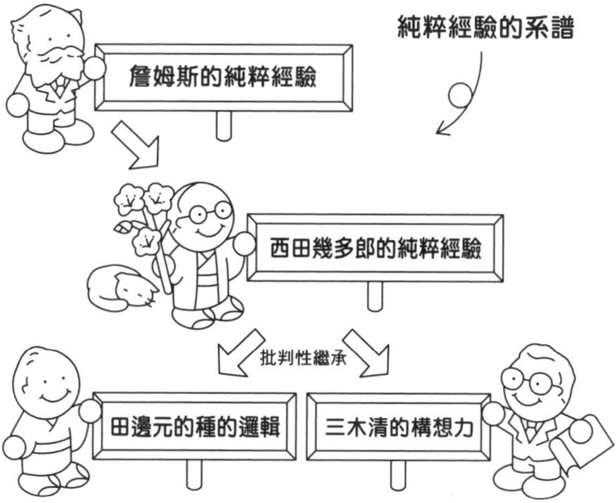

其實，田邊的本意只是追求共同體與個人合而為一的社會秩序而已。

對此，同為西田弟子的三木清表示，用「虛無」取代無作為思考的根基，才能利用構想力成功讓浮游的意識落地。三木以歷史作為切入點，琢磨出了構想力的概念。

根據三木的說法，歷史包含代表事件「存在的歷史」和代表事件敘述「作為邏格斯（logos）的歷史」，還有意指創造歷史行為本身「作為事實的歷史」。這三種歷史是三木的原點，也是不斷活動與發展的原始性、根本性概念。

由此可知，作為事實的歷史會創造出新的歷史。他認為創造出該歷史根源是人類的創造力。而這正是構想力。

所謂的構想力，一言以蔽之，就是從邏格斯（logos）與情感（pathos）的根源，將兩者統一起來並成形的過程。在人類根源看見虛無的三木，反而提倡從根源創造出新事物的必要性。

雖說如此，我們是否能藉由構想力讓意識持續停留在地表，又是另一個問題了。人類有著無限可能性，想去嘗試可以說是人類的本性。而所謂的意識浮游就是指這種現象。

威廉・詹姆斯
（1842～1910）

美國的哲學家、心理學家。與皮爾士、杜威同為實用主義的創始人。詹姆斯作為哈佛大學的哲學教授而聲名遠播，而他在學會上介紹了當時在思想界還籍籍無名的皮爾士所提出的實用主義，讓皮爾士因此成名。

他對日本近代哲學的發展影響深遠，日本哲學家西田幾多郎的「純粹經驗」就是受其啟發的。此外，他在心理學領域也頗有建樹，在美國設立了第一個心理學實驗室，被譽為美國心理學之父。著有《宗教經驗之種種》、《徹底經驗主義論文集》等書。

西田幾多郎

（1870～1945）

日本近代哲學家。京都學派的創始人。作為京都帝國大學的教授，與眾多弟子和伙伴一起建立日本自成一格的哲學。他過去經常一邊沉思一邊散步的步道，現在被稱為「哲學之道」，成了觀光勝地。

西田哲學的特徵是自成一格，將西洋思想結合自己親身實踐的禪思想。他探討未有主客之分的純粹經驗的著作艱深難懂，卻依然成了當時的暢銷書。此外，相對於西洋的有之思想，他藉由絕對無的概念發現了東洋無之思想的獨特性。著有《善的研究》、《從作動者到觀看者》等書。

田邊元

（1885～1962）

京都學派的哲學家。是京都帝國大學裡西田幾多郎的繼承者。他原本就讀數學科，後來轉攻哲學，由於具備理科的底子，後來確立了科學哲學。

他批判性地繼承西田哲學，於是提倡「種」的意義。這後來被稱為「種的邏輯」，在二戰期間被連結了全體主義國家的民族概念。最後，他在戰後出版《作為懺悔道的哲學》，反省自己的力量致使日本走向悲哀的命運，同時為日本被追究戰爭責任一事殫精竭慮。著有《科學概論》、《種的邏輯的辯證法》等書。

三木清

（1897～1945）

京都學派的哲學家。因為讀了西田幾多郎的著作《善的研究》而深受感動，進入京都帝國大學哲學科就讀，此後便成了西田的弟子。留學法國期間深受帕斯卡的《思想錄》吸引，回國後發表第一本著作《帕斯卡對人的研究》。因為與女性鬧出醜聞而離開京都，前往東京擔任法政大學的教授。

雖然後來因為親近馬克思主義而被免職，但他成功建構了《歷史哲學》。遺憾的是，他因為包庇朋友的嫌疑，遭人依治安維持法檢舉，最後病死獄中。著有《構想力的邏輯》、《人生論筆記》等書。

第 3 章

櫻桃小丸子 × 桑德爾

建立剛剛好的人際關係方法

本章會以《海螺小姐》、《櫻桃小丸子》、《團地友夫》作為切入點，並運用共同體思想作為分析工具，論述讓意識標準化的方法。可以讓讀者作為參考範本的生活方式是什麼？

與大家一樣的幸福

每一個時代，都有一部於星期天傍晚播放、闔家觀賞的動漫。從最早的《海螺小姐》，到後來的《櫻桃小丸子》、《團地友夫》皆屬此類，不過《團地友夫》播放日和時間與前兩者不同。這些作品的核心思想都含有平民百姓的道德觀，說其目的是為了教化國民也不為過。

粗略預測結論的話，我猜應該是企圖灌輸民眾與大家一樣才是幸福這個價值觀吧。

換言之，就是想要讓意識標準化。

《海螺小姐》、《櫻桃小丸子》、《團地友夫》都是非常受歡迎的作品，其中也各自含有重要訊息，但我要刻意將這三部作品綁在一起，聚焦於從中顯露出來的意圖。

教化國民三部曲的背後隱藏著什麼？而我們的意識又能從中學到什麼呢？

海螺小姐的待人之道

對於生活在現代的我們而言，《海螺小姐》已經可以算是「國民生活方式的古典」了。這部作品一開始是在二戰結束後不久，以報紙四格漫畫形式登場。從此以後，海螺小姐便作為一個範本，持續啟蒙日本的家庭。

尤其是動畫化之後，它可說是成了星期天傍晚的代名詞。甚至還出現了很多人聽到海螺小姐的片尾曲就會想起隔天是星期一，因而陷入憂鬱的現象。這就是所謂的海螺小姐症候群。

反過來說，這也是海螺小姐為了讓我們在週末收心而對我們說教。就像西洋人會在安息日聚集到教會，確認家人的重要性和自己的生活方式一樣。在不知不覺間，我們就這樣在客廳一邊聽著，不，是看著電視機裡的說教，一邊淨化心靈，為了明天做好準備，迎接下個緊湊的一週。

之所以會這麼說，是因為我也是看著海螺小姐長大的，說得更精確一點，應該是被海螺小姐養大的，但是我卻從來沒有意識到。

我只是單純地在享受這部作品而已。看著鰹因為闖禍而被海螺小姐擰耳朵，然後說出那句固定台詞「姊姊，好痛～」，我只是一笑置之；看到平常沉默寡言又嚴肅的波平突然展現溫柔的一面，我也只是感到心頭暖洋洋。

然而實際上，這正是它成為我們範本的原因。我們從中學習道德和生活方式，直到長大成人。意識就是這樣培養出來。它告訴我們，一定要成為和這些人一樣的好人。

沒錯，在海螺小姐中登場的角色全都是好人。身為主角的海螺小姐更是其中的代表。雖然個性冒冒失失，但她是大家的開心果和領導者。很重視自己的父母，同時也會不著痕跡地照顧與自己父母同居的配偶。不僅會帶孩子，和的弟弟妹妹也維持著好感情，甚至和親戚也相處融洽。

這些事情看似理所當然，但其實對現代人來說很難做到。所以我們無法和父母同住，一天到晚與配偶吵架，連兄弟姊妹之間都沒有交流，更別提親戚了。

現代人和海螺小姐之間究竟有何不同？

我覺得應該在於待人之道。海螺小姐很懂得如何待人。不，不只是海螺小姐，與現代人相比，其他角色也稱得上很懂得待人之道。應該是因為這樣，我們才會覺得每個角色都很容易親近吧。

要是波平和舟是我的公婆（岳父岳母）該有多好啊。要是我的老公是鱒男的話，應該就不會吵架了吧。鱒男已經幾乎成為理想女婿的代名詞了。裙帶菜和鱈男自不用說，鰹也是令人無法討厭的角色。其他配角亦如是，穴子應該會是理想的同事吧。

剛剛好的人際關係基礎在於信賴

其實，海螺小姐這部作品眾角色自然而然實踐的待人之道，正是日本哲學家——和辻哲郎所說的「關係」（也可直接沿用日文漢字，稱之為「間柄」）。所謂的關係，意指「個人即社會」，換句話說，就是指社會上的自己與人際關係。

和辻表示，個人和關係之間存在雙重性，因為有個人存在，關係才得以成立；反之亦同，有關係存在，個人才得以成立。只不過，如果再稍微深入觀察其意義，或許也可以解釋為關係這個概念在規範著個人。

重點在於個人、關係、距離。位在關係兩端的兩人感情，會根據待人之道而改變。即使是一對男女，他們也有可能相愛，也有可能成為朋友，也有可能彼此信賴，也有可能互相仇視。

以《海螺小姐》裡面的角色來說，不管對象是誰，他們都會彼此保持著可以萌生信賴感的剛剛好距離，因此人際關係才會如此和諧。以結果而論，就是每個人看起來都是好人。當然，也會漸漸發覺他們的世界觀是很理想化的。

那麼，該怎麼做才能保持如此理想的距離呢？

我認為關鍵在於信賴這兩個字。關於信賴，和辻哲郎表示，因為有過去的信賴，未來才能夠繼續信賴。也就是說，要有實績才能得到別人的信賴。

從這裡我們可以知道，人會在得到信賴後，為了保持這份信賴而持續為善。這也是幫助我們在家庭、地區、社會等共同體之中順利生活的方法。關於這一點，《櫻桃小丸子》裡有著更明確的描寫。

從櫻桃小丸子中學習家庭的形式

嗶哩啪啦嗶哩啪啦——只要聽到這首歡樂到甚至有點吵鬧的歌，每個日本人都會到客廳集合，然後正襟危坐。就像是聽到上課鐘聲而逐漸集合過來的小朋友一樣。這就是《櫻桃小丸子》的片頭曲。

接著，全家人就會沉浸在小丸子的世界裡。我想應該有很多人都因為小丸子那與可愛外表不搭的成熟發言，以及個性過於奇葩的配角而身陷其中，不知不覺每次都會看下去吧？

《櫻桃小丸子》是原作者櫻桃子描繪自己所經歷一九七〇年代小學生活的作品。由於算是基於真實故事改編而成，所以雖然是搞笑動畫，卻有著精準描寫出小孩子心聲，而且設定和故事都很有真實感的特徵。

比如說，在學校裡憋著不去上廁所的橋段，以及想要擁有屬於自己的房間而打造祕密基地這種貧窮家庭的橋段等等，這部作品用有趣的方式描繪出大部分小孩子都能感同身受的故事。

一般的作品通常僅止於讓孩子們感同身受，但《櫻桃小丸子》不一樣。在學校發生的事一定會在事後和家人分享，讓家人一起產生共鳴。對於孩子想要擁有自己房間一事，父母表示反對，而友藏爺爺則感到同情，還當起了假日木工幫忙孫女。不過最後失敗，還被家人罵了一頓……

這就像是每個家庭裡都會發生的事，對吧？這齣把所有家人牽扯進來的鬧劇，也能讓大人產生共鳴。沒錯，《櫻桃小丸子》不僅有助於小朋友的品德教育，在促使觀眾思考家庭形式這層意義上，對大人也有教育作用。

那麼，為什麼大人可以從這部作品的世界觀中學習到家庭的形式呢？

這是因為，這部作品裡描繪了我們已然喪失的美德。也就是共同體的美德。

過去曾因為日本NHK電視台節目「哈佛白熱教室」，而風靡一時的美國政治哲學家——邁可．桑德爾，也是社群主義這個共同體思想的主要提倡者。

互相扶持的重要性

社群主義是一種政治思想，也稱為共同體主義，一言以蔽之，就是重視共同體美德的思想。美國原本是個重視個人自由的個人主義國家。尤其是在一九七〇年代初，當時身為哈佛大學教授的約翰．羅爾斯發表《正義論》，探討重視個人自由的自由主義。

而桑德爾反駁了他的論點。

桑德爾主張，社會並不是靠著自由主義所說的各自獨立個體而成立，還強調了共同體的意義。

他表示，我們生活在共同體之中，與共同體的成員互相扶持度日。相對於重視個人自由的自由主義，以桑德爾為代表的社群主義，則是注重在共同體之中互相扶持的美德。

而我不禁覺得，《櫻桃小丸子》裡描繪的正是這種共同體的美德。作為故事背景的一九七〇年代日本，還保留著這種美德。無論是在學校、地域社會，還是家庭之中，大家都是互相扶持過日子。

其實，我自己也是在一九七〇年代念小學的，所以很能理解這個氛圍。我覺得那時候和現在不同，大家一起想辦法的情況更加常見，朋友和家人之間經常召開會議，也經常能在路上看到婦女聚在一起聊是非，不過現在已經很少見了。

為了與市民一起進行哲學對談，我主辦了「哲學咖啡館」這個活動。我認為許多人之所以會不辭辛勞特地聚集到這裡來，也是這個緣故。市民們超越世代與立場，一起探討人生課題或社會上的問題。僅僅如此而已，如今卻已經成了一件特別的事了。

我們看《櫻桃小丸子》，究竟是為了從那已成往事的美好共同體之中學到什麼重要的事呢？是為了找回人與人之間共享的羈絆、精神層面的東西、意識……這份懇切的願望，也被二〇〇〇年代的動畫繼承了下來。那就是在NHK播放的《團地友夫》。

從團地友夫中感受到平凡的美好

在某種意義上，《團地友夫》是一部令人感到衝擊的問題作品。因為它用自嘲的方式描寫了團地生活，也就是普通小康家庭的現實生活。日本有許多團地，裡面住著很多人。而這部作品用歡樂的方式笑看那算不上富裕的日常生活。

主角木下友夫是一名極其平凡的小學四年級生，與母親、姊姊一同住在巨型集合住宅區「枝島團地」的二十九號棟。父親被公司外派到外地工作，偶爾會登場。祖父依然健在，但祖母已經過世。這個故事設定就已經過於平凡了。沒有一件事是完美的，但也算不上悲劇。

在這個背景下發生的日常事件，也都是極為普通、常見的事。

但是，每一個事件都被描寫得非常獨特、搞笑，也有著淡淡的哀傷。這些平凡事件會變得如此戲劇性，大概都是因為友夫的個性吧。

友夫雖然是一名極其平凡的小學生，但是很有責任感，且個性溫柔。光是這幾點，就可以讓我們的日常生活一下子變得戲劇化起來。

不把錯誤推給別人、說出實話、袒護朋友，光是做到這些理所當然的事，就能讓「平凡」變成「戲劇」。是友夫教會了我們這件事。

這就是我推薦的友夫流平凡。那麼，平凡又是什麼呢？

平凡就是凡事不要過度。在哲學的領域，我們將之稱為中庸。例如古希臘的亞里斯多德就將中庸視為一種德性。

人類的意識很容易不小心就過度。每個人都想比別人好，覺得自己最重要，所以會說謊，也會傷害他人。但是這樣是無法好好生活下去的。相對地，也不能過度壓抑自我。

為了避免這種情況，我們該怎麼做呢？

亞里斯多德非常重視「友愛（philia）」這個概念。在共同體之中，照顧夥伴的心意是很重要的，若是不這麼做，就無法順利生活。而所謂的照顧對方，就是設身處地為對方著想。

只要能夠顧慮他人的感受，就可以避免自己做過頭或過度壓抑。接著才有辦法追求意識的標準化。

追求理想很重要，但我們生活在現實之中，不能將自己的理想強加在他人身上，尤其是與人有關的部分。

亞里斯多德重視古希臘的共同體社會並一語道破人類是社會性動物，就是這種現實主義的體現。

身處現代日本，不得不在家庭、地域、職場、社會之中生存的我們，也是社會性動物，所以中庸才是最理想的狀態。

是海螺小姐和小丸子這種大家庭也好，是友夫這種住在團地的核心家庭也好，時至今日，我們依然必須從這些作品中學著珍惜、享受平凡的日子，並想辦法讓自己的意識標準化。

為了在這痛苦的日常中幸福地活下去……

讓意識「標準化」的哲學

一切起於亞里斯多德

本章主題是意識的標準化，並介紹了《海螺小姐》、《櫻桃小丸子》、《團地友夫》這三部動畫作品。接著再引用和辻哲郎、桑德爾和亞里斯多德這三個人的哲學，來探討這三部作品裡分別可以觀察到的意識標準化。

也就是在《海螺小姐》中觀察到和辻哲郎的關係、在《櫻桃小丸子》裡觀察到桑德爾的社群主義，以及在《團地友夫》裡觀察到亞里斯多德的友愛。接下來我會將這三個哲學統整為意識標準化的系譜。

其實，從系譜學上來說，亞里斯多德才是意識標準化概念的起源。在古希臘的共同體社會中，人們一定要互相扶持才有辦法過日子。

當然，這不包含奴隸，僅限於自由人民，但至少他們將社會中的成員視為夥伴，並共享著設身處地為人著想的倫理觀。而這正是亞里斯多德所說的友愛。秉持友愛之心是一種美德，社會也鼓勵大家培養友愛之心。「人類是社會性動物」，亞里斯多德所說的這句話並不是空泛理想，而是當時的社會現實。

然而，這個現實卻在亞歷山大大帝的遠征之下被破壞殆盡。因為社會結構崩壞，人們的價值觀變得多樣化。經歷被基督教神所掌控的中世紀，直到近代人類才再次成為主角，而此時已經進入個人的時代。

黑格爾心目中的理想國

個人的意識、個人的自由，這類思想遍地開花。這正是近代哲學的主要課題。奇妙的是，位居近代哲學頂點的德國哲學家——黑格爾，卻致力於思考如何使個人與共同體和解。

他苦思的成果就是以《法哲學原理》為代表的共同體理論。黑格爾認為共同體中寄宿著個人的精神，這種狀態稱為「人倫」。而這必然會與孕育出個人自由的共同體形式有所關聯。他主張，國家正是能夠實現個人自由的理想共同體型態。

乍看之下，這似乎可以被解讀為一種讚揚國家的思想，長期以來一直被誤解為國家主義的化身，但實際上絕非如此。

其實黑格爾的理論基礎，正是主張人類會在共同體之中互相扶持的亞里斯多德哲學。從這層意義來看，黑格爾哲學也包含在在亞里斯多德的系譜之內。

和辻哲郎的倫理學

在日本繼承了黑格爾共同體理論的人物，正是和辻哲郎。和辻為了批判性繼承黑格爾的共同體理論，建構了自成一格的倫理學，其核心概念就是關係。他主張，有了倫理，人類才能在人與人的關係中受到規範，因此倫理是非常重要的。

而孕育出倫理的根據，就是隨著時間建立起的信賴概念。人會在同一個共同體中，花時間慢慢認識並理解彼此，而從中萌生的信賴正是人際關係的基礎。

日本人在民族性上同質性本來就高，再加上近代化之後，身分方面的同質性也逐漸得到保障，因此相對容易實現意識的標準化。

具有強烈的共同體意識，和辻提出的關係甚至可以說是大家默認的潛規則。然而，現代社會個人主義蔓延，意識標準化陷入瓶頸也是不爭的事實。

或許正是因為如此，教化國民的動畫作品才有其必要性。不用說，在作為個人主義發源地的西洋社會中，意識標準化更加困難。

因此想當然爾，黑格爾所提倡的共同體思想在西洋社會中始終都不盛行。

社群主義的抬頭

社群主義是一個在現代被重新喚醒的思想。

它的另一個翻譯是共同體主義，顧名思義，這是一種強調共同體意義和價值的思想。它將共同體之下的故事、夥伴意識、互相扶持等視為美德並加以提倡，對抗個人主義。

西元二十世紀，以自由主義及其極端思想——自由意識主義為基礎，個人主義作為西洋主流思想盛極一時。

而在一九八〇年代初期提出反命題的急先鋒，就是邁可・桑德爾。

桑德爾主張的社群主義，可以說是批判由貧富差距引發的問題，推崇意識標準化的哲學思想。意思就是，什麼都能用錢買到的社會機制會使人心腐敗。而桑德爾也曾提及亞里斯多德。

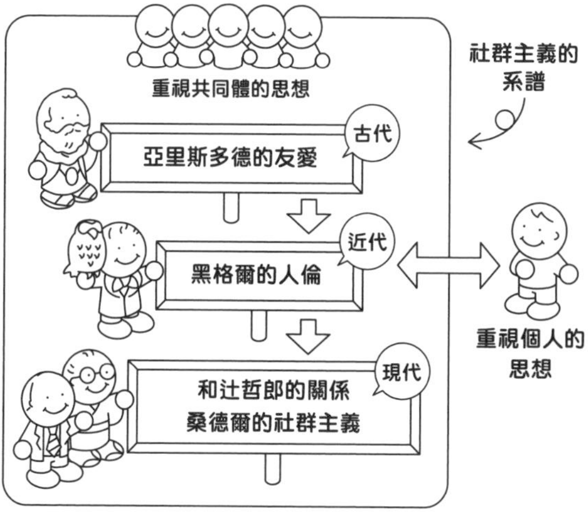

源自亞里斯多德的意識標準化哲學，以現代社群主義的形式持續發展至今。因為日本和辻哲郎的共同體理論，也是以社群主義的脈絡來論述。

社群主義對抗著始終不見頹勢的個人主義，以及作為其思想體現的自由意志主義，並持續呼籲互相扶持的重要性。

每個人都很重視自己，所以會希望自己比別人好，這件事本身或許是理所當然的。但是，當這種意識過度強烈，就會造成社會問題。

可以說意識標準化的哲學是一種為傾向偏愛自己踩剎車的思想。

亞里斯多德

（前384～322）

古希臘哲學家。探討過的學問涵蓋邏輯學、物理學、哲學、倫理學、政治學等範疇，因而被稱為「萬學之祖」。知名事蹟為曾擔任亞歷山大大帝的家庭教師。晚年在雅典郊區設立呂刻俄斯學園，在學園內的散步道（Peripatos）邊散步邊議論哲學，於是這間學園的哲學被稱為逍遙學派（Peripatos，又譯漫步學派）。

倡導古希臘共同體社會中的倫理，並主張人類是社會性動物。他也提倡意指程度適中的中庸概念，視中庸為德行的體現，並倡導友愛的重要性。相較於柏拉圖的理想主義，他算是個現實主義者。著有《物理學》、《政治學》、《尼各馬可倫理學》等書。

和辻哲郎

（1889～1960）

日本倫理學之父，其倫理學體系被稱為和辻倫理學。受西田幾多郎之邀而至京都大學任教，由於他一邊與西田等人交流，一邊思索哲理，所以也算是京都學派的分支。他的思索範疇很廣，涵蓋文化到政治經濟領域。

和辻倫理學的核心在於可用「個人即社會」來表述的人際「關係」，是一種從人與人的關係之中研究人類特質的倫理學。

在其著作《風土》中，主張日本人堅忍順從的性格是來自風土影響。他在日本文化方面也造詣頗深，留下了許多相關的隨筆。著作除了前述的《風土》、《倫理學》之外，還有《古寺巡禮》等等。

邁可・桑德爾
（1953～）

美國政治哲學家。哈佛大學教授。從社群主義（又譯共同體主義）的立場，提倡進行道德議論的必要性。曾經因為二〇一〇年NHK電視台播放的節目「哈佛白熱教室」，而在日本蔚為話題。

桑德爾最初是在一九八〇年代批判當時頗負盛名的自由主義理論家——約翰・羅爾斯的著作《正義論》，捲入社群主義與自由主義的論戰，因而成名。在生命倫理的領域，他也擔任美國總統生命倫理委員會的委員，積極參與現實上的政治。近年來，他關注市場經濟的矛盾，提出自己的看法。著有《自由主義與正義的侷限》、《正義：一場思辨之旅》、《錢買不到的東西：金錢與正義的攻防》等書。

第 4 章

新世紀福音戰士 × 德希達

擺脫迷惘的方法

本章會以《新世紀福音戰士》作為切入點，並運用結構主義與解構主義作為分析工具，論述讓意識走出迷宮的方法。我們究竟有沒有辦法拯救走進死胡同的意識呢？

太過想要得到認同而引起的迷惘

新世紀福音戰士（以下簡稱「福音戰士」）是一部艱深難懂的動畫作品，甚至還出現了許多解說這部作品的書籍和評論。

使徒、人類補完計畫、SEELE、朗基努斯之槍、第三次衝擊……這部作品中理所當然似地使用這些令人摸不著頭的詞語，所以幾乎所有的解說書籍都會附上用語集。這是一部超越人類歷史、放眼宇宙的壯闊史詩，也難怪會如此艱深難懂了。

這部作品處處都是精心安排的橋段，所以非常適合拿來進行哲學探討，不過如此一來就會偏離本書主旨，因此只能忍痛割愛，以後有機會再說了。本書只會提到一小部分作品內容，作為探討意識狀態和自我成長的參考。

此外，福音戰士除了電視動畫之外，還有電影和漫畫。各版本之間有些微的差異，而本書會以電視動畫為中心，並融合其他版本，把它們當成同一個作品看待。

先前提到，福音戰士是一部充滿謎團的作品。雖然這一點正是這部作品的魅力所在，但是大多數人受到福音戰士吸引，還有另一個很大的原因，那就是主角們充滿謎團的角色設定。

主角無庸置疑是碇真嗣，不過綾波零比他更具代表性，還有惣流・明日香・蘭格雷等等，這些角色構成了故事的核心。因此，我這次會把焦點放在他們每個人的心理狀態上，也就是意識上。

首先是碇真嗣這個角色。他是NERV司令官碇源堂的兒子，因此被迫擔任名為福音戰士人造機體的駕駛員。使徒是一種類似怪物的存在，而NERV則是負責擊退使徒的組織，大家先這樣想就可以了。因為真嗣是司令官的兒子，所以被任命為駕駛員也沒辦法的。不過事實上還有一個更重要的原因，那就是福音戰士裡有著他過世母親的靈魂，所以與他的適配性很高。

雖說如此，真嗣當時還只是個中學生，而且還與自己唯一的血親，也就是父親分居兩地。總之，這位父親並不是個會愛自己兒子的人，真嗣甚至覺得自己被父親拋棄了。因此，他會決定成為駕駛員，應該是出於一種希望得到父親認同的欲望。

事實上，當真嗣拿出成果並受到父親讚賞時，他同時也感受到了前所未有的安心。不過，並不是一開始就這樣的。畢竟他原本就不單是因為想得到認同而輕率地成為福音戰士駕駛員。

他心中還有著抗拒感與恐懼感。雖然他非常渴望他人的認同，卻也覺得父親突然把他找來並命令他擔任駕駛員很不講理。但是，在敵人出現，且沒有其他人能當駕駛員的窘境之下，他的內心開始糾結。

於是，他像是要說服自己般不斷喃喃自語，那句極具衝擊力的話語，就是「不能逃」。

以往的機器人動畫，都會把英雄描寫成更加可靠的人，比如具有正義感、具有領袖風範、負責任、行事果決。然而真嗣卻不像話地顫抖著身體，不斷地叨念著「不能逃」。

這應該算是福音戰士這部作品中極具代表性的一個場面。他自己也不知道該怎麼辦才好，意識完全陷入了迷宮。

沒錯，意識陷入迷宮正是本章的主題。雖然因為作品本身艱深難懂，所以觀眾的意識也會陷入迷宮，但就像是為了要讓觀眾迷惘一樣，主角群的意識也陷入了迷宮。

逃避面對迷惘

這部作品首次在電視上播放，是一九九五年的事，真嗣的角色設定令人聯想到當時成為社會現象的繭居族（家裡蹲）。

他會因為一些芝麻蒜皮的小事喪失自信，還會說著自己做不到、自己沒有價值之類的話，突然封閉自我，並且斷絕與周遭人們交流，陷入無計可施的狀況。

某次喪失自信的時候，真嗣選擇逃離，但是因為無處可去，所以他只是一直坐在電車上來回兜圈。這就是意識陷入迷宮的狀態。為什麼這樣的真嗣偶爾也能拿出亮眼的表現呢？

那是因為他的意識處在迷失狀態，一旦定下方向，就會自暴自棄似地衝向敵軍。就像是年輕的特攻隊員駕駛著零式戰鬥機衝向敵軍戰艦一樣。幸好真嗣沒有因此陣亡。

這裡我想探討的重點在於，他的意識為什麼能夠突然走出迷宮，定下方向。這有兩種模式。第一種，是受到他人迫使而確定意識的情況，例如當真嗣被相當於自己導師的美里打的時候。另一種則是他察覺自己的存在意義，發現只能走上這條路的時候。

當我們的意識陷入迷宮時，上述模式應該能發揮作用。

每個人應該都有過迷惘的經驗，也曾不知所措想要逃避，於是意識便開始兜圈。

該怎麼做才能擺脫困境呢？

我們可以從真嗣行動中學到的是，要有某個人推自己一把，或是將注意力放在自己的存在意義上。不過這裡有一點需要留意，那就是憑著一股衝勁突破困境，也有可能招致毀滅。就像真嗣一樣。

不能只是像神風特攻隊一樣往前衝。想避免這種情況，需要具備要走出迷宮的自覺，還有縱觀整體事態的能力。

自己撲向迷惘

在急著下結論之前，先來分析其他兩名角色吧。

綾波零比主角真嗣還受到粉絲歡迎，稱得上是本作的象徵。首先，她長得可愛，性格卻很冷漠，渾身散發出一種悲傷的氣息。有著白皙的肌膚，看起來像銀色的藍色髮絲，以及紅色的雙眼。這樣的外貌醞釀出充滿神祕感和異國情調的魅力。

她之所以會冷漠得如此徹底，讓人覺得她彷彿沒有心，其實原因在於她並非人類，而是個複製人。而且，她體內的靈魂竟然是真嗣母親，也就是碇源堂的妻子。

當然，她本人對此並不知情。而她只願意對碇父子敞開心胸，可能是因為血緣的關係。喃喃自語著「我一無所有」的她，一心一意地追求羈絆，就像是為了尋找羈絆而故意闖入迷宮深處一般。即便拖著遍體鱗傷的身體。

另外，女主角惣流・明日香・蘭格雷不只身體，連心靈也受到極大創傷。她身穿大紅色戰鬥服，是個熱情活潑的少女，與零形成鮮明對比。但是她之所以會以這種態度示人，是因為有著悲傷的過去。

明日香的母親因為精神失常而自殺，而明日香為了擺脫這個心理創傷而想要堅強地活下去。她所陷入的迷宮，正是沒有人認同自己的存在，渴望認同的欲望得不到滿足。因為本該認同自己的母親已經不在人世。

她常常對個性軟弱的真嗣以及沒有自我的零，說出那句招牌台詞：「你白痴啊？」看起來就像是在掩蓋隱藏在自己心中的脆弱和空虛感。

「媽媽，看我！」、「不要殺我！」、「我不能再輸了！」這些悲痛的吶喊，驅使她魯莽地戰鬥，最終走上毀滅之路。

想擺脫迷惘就要先進行破壞

各位有沒有感覺到，真嗣、零、明日香雖然是不同的角色，卻有著某些共通點呢？

一言以蔽之，就是扭曲的意識。他們每個人與父母的關係都是扭曲的，所以尋求父母認同的慾望過度強烈。然而，阻擋這股慾望的命運卻將他們的意識拉進了迷宮。

當然，他們本人是看不見這個結構的，否則就不會是迷宮了。那麼，為什麼正在寫這段話的我看得見呢？

因為我正在利用結構主義分析事態。

結構主義是由法國思想家克勞德·李維史陀建構出來的現代思想。顧名思義，它主張觀察事情的結構。

這裡所說的結構，指的是在要素與要素之間的關係中形成整體。因此所謂的結構主義，可以說是一種藉由觀察事物整體結構來探究本質的思想。

舉例來說，李維史陀關注存在於原始部落中的交錯從表婚，也就是讓男子與母親這邊的交錯從表女子通婚的習俗。這看起來像是只會出現在原始社會的習俗，但觀察這個機制的整體結構後，會發現完全不同的本質。

那就是對父系家族的男子而言，母親兄弟（舅舅）的女兒屬於另一個家族集團。也就是說，在這個具有交錯從表關係的男女互結連理機制之下，一直讓不同家族集團的人婚配，部落就能延續香火。

如果只被一部分的要素吸引目光，就會漏看不變的整體結構。聚焦於整體，擁有整體框架本身不變這層認知，才能掌握該事物的結構。

把福音戰士的主角群那複雜的意識走向看作一個整體，應該會發現結構全都是一樣的。同理，再怎麼複雜的迷宮，只要從上空往下俯瞰就能找出通往出口的路。沒有走不出去的迷宮。

真嗣、零、明日香看似各自抱持著不同的煩惱，但是意識陷入迷宮這一點是相同的，且迷宮的結構也是相同的。先前也提過，這個結構就是因為與父母關係扭曲導致想得到認同的欲望過度強烈，又遭到絕對無法得到認可這道命運之牆所阻擋。因此他們才會痛苦掙扎。

但也不是完全看不到希望。就像真嗣克服了逃避行為，找到自己的存在意義一樣，或是像零在與他人的羈絆之中找到平靜一樣，出口是一定找得到的。

這就是改變視角。要是一直尋求不存在之物，就會永遠找不到出口，所以才需要改變視角。

而這行為正是所謂的破壞結構。要擺脫自己只能如此的成見，最好的方法就是從根本顛覆既有的價值觀。就像是法國思想家雅克・德希達提倡的解構。解構的意思就是破壞既有的價值觀並重新建構。解構的法語 déconstruction 中含有否定的接頭詞「dé-」，所以經常遭到誤解，不過解構這個概念本身是具有肯定意味的。

意思就是，破壞是為了重新建構，各位請留意這一點。只要跨越結構這種僵硬固化的東西，就算只是單純的轉換視角，也能對既有價值造成足夠大的破壞。

實際上德希達也會使用動搖之類的表現。

問題在於在這之後要如何重建。只要不失去希望，應該就不會停留在破壞的狀態。在拯救我們陷入迷宮的意識時，它肯定能派上用場。

結構主義的系譜

本章首先利用李維史陀的結構主義，探討了走出意識迷宮的方法。現在我想稍微介紹一下結構主義的系譜。

讓我們再次確認究竟何謂結構主義。一言以蔽之，如結構二字所示，它是一種關注事物整體結構的思想。

這種意義上的結構主義，可以追溯至現代語言學之父索緒爾的結構語言學。過去的語言研究都只聚焦於單一語言，而索緒爾則是將關注點放在語言這個體系本身。於是他發現所謂的語言，是透過語和語之間差異形成的。

因此，索緒爾先把詞語分成聲音和內容兩個要素來思考。

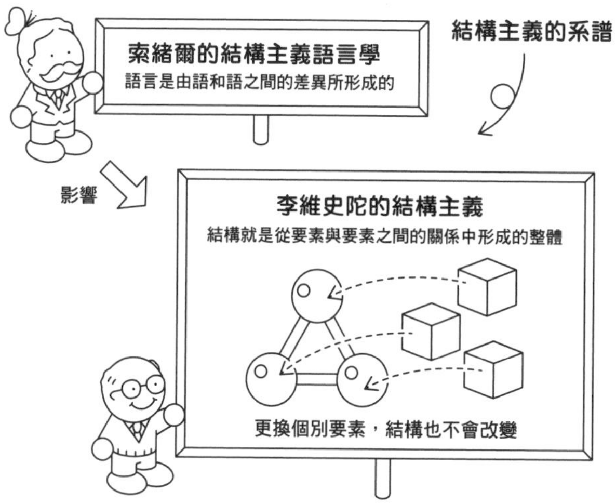
結構主義的系譜
索緒爾的結構主義語言學
語言是由語和語之間的差異所形成的
影響
李維史陀的結構主義
結構就是從要素與要素之間的關係中形成的整體
更換個別要素，結構也不會改變

換句話說，就是將詞語視為一個「符號（signe）」，並將之區分為「能指（signifiant）」與「所指（signifié）」。

能指就是詞語的聲音，而所指則是該聲音所代表的內容。

例如，在日語中，「ame」這個能指可以對應到「雨」或是「糖果」等等的所指。

能指界定了聲音的領域，所指界定了內容的涵蓋範圍，形成語言。此分析指出語言不過是一種透過關係所形成的體系，而這就是結構主義的幼苗。

而李維史陀就是將上述的分析手法帶

入了人類學領域。根據他的說法，結構就是從要素與要素之間關係中形成的整體。在原始社會進行田野調查的李維史陀停止從社會上出現的一部分現象尋找原因，轉而將整體視為一個結構。

如此一來就會發現，若是只看局部現象，某個習俗會被視為未開化，但觀察整體結構，就會意外發現其中有著縝密的系統。

只看局部無法了解事物的本質，所以必須要看整體才行。應該可以說，李維史陀是站在結構主義的立場，試圖去批判偏頗的傳統歐美中心主義吧。

作為後結構主義的解構

以哲學史來看，結構主義的主角之位後來被後結構主義奪走了。不過，後結構主義終歸只是「後」，也就是接在結構主義之後流行的思想，並沒有超越結構主義，所以才保留結構主義這幾個字。說得更誇張一點，就連二〇〇〇年代的最新思想都被叫做後後結構主義。

這麼一想，就能知道結構主義時至今日都尚未被超越。就算有其他思想流行，結構主義至今仍然通用這一點是無庸置疑的。不過，看看在結構主義之後，有什麼不一樣的思想曾經與之對抗還是很有意義的。因為這些思想所包含的要素，確實是結構主義所欠缺。光靠一種思想無法解決所有問題，因此補足結構主義的後結構主義確實有其存在的必要性。

舉例來說，我們來看看被稱為後結構主義領頭人的法國哲學家─雅克・德希達的思想吧。德希達提倡的核心概念，無疑就是「解構」。「解構」可以說是德希達的代名詞。

解構是德希達用語，意指破壞既有的東西，從頭開始建構。在近代西洋，人們抱持著認為傳統價值理所當然正確的態度。

包括以邏輯性事物和容易理解的事物為第一優先、重視聲音勝於文字、認定眼睛看得到的東西就是正確的存在、認為男性化的東西優於女性化的東西、認為歐洲比其他地區高等這些態度。

但是，這些既有價值並不一定是正確的，因為以這些價值為優先的態度導致了暴力。實際上，認為只有邏輯性事物是正確的這種想法，會促使人消除差異；將男性化事物置於優位的態度會使女性受到壓迫；歐洲中心主義更可說是造就了殖民主義和戰爭。

於是德希達嘗試著去拆解西洋近代哲學體系中特有的態度。而這正是解構的概念。解構的原文是「déconstruction」，這是將德國哲學家海德格的用語「拆解」作為靈感所構思出來的自創詞。照字面來解釋，就是指拆解原有結構，重新建構的意思。

這裡要請各位注意的是，並不是單純拆解就好，還要重新建構。解構的意思就是去拆解既有的事物，並從頭開始建構。

如此一來大家就能夠理解，這是在結構主義裡不可能出現的想法了吧。

結構主義的重點在於該如何分析既有的整體，因此破壞整體再重新建構這種事情

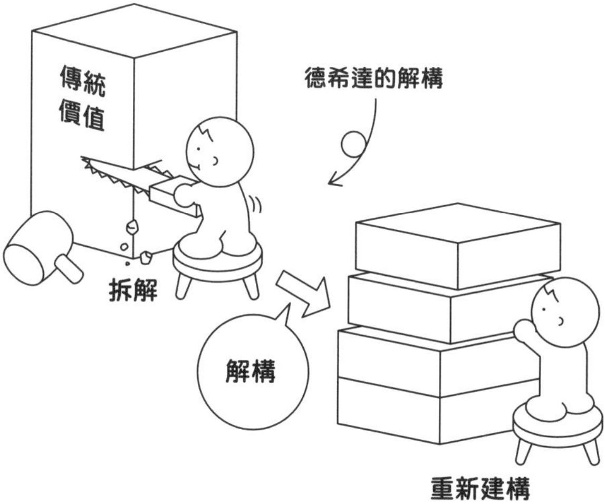

根本難以想像。然而實際上，有時候我們會需要先破壞再重建。因此，除了結構主義之外，也需要解構。

在本章探討的意識陷入迷宮這件事情上，也不是只有弄明白迷宮的整體樣貌再走出來這個方法，還可以選擇破壞迷宮本體再重新建造。

只不過，選擇破壞迷宮時，當然也必須先掌握迷宮的全貌。

斐迪南・德・索緒爾
（1857～1913）

瑞士語言學家。創造出結構主義語言學，影響了結構主義。死後其弟子為他出版著作《普通語言學教程》，但是該書曲解了他的思想，至今仍在改正中。儘管如此，該書依然是他最知名的著作，這一點是無庸置疑的。

書中記載的索緒爾基本思想，即語言是由個人使用的詞語「parole（言說）」，加上作為其社會性前提的語言符號系統「langue（語言）」所形成。著有《印歐語系的母音原始元音摘要》。

克勞德・李維史陀
（1908～2009）

法國人類學家。第一份工作是高中哲學老師，之後在巴西聖保羅大學擔任社會學講師。他在當地部落進行調查研究，轉換跑道鑽研人類學。一九五九年就任法蘭西學院社會人類學主任。其後出版著作《野性的思維》，帶動了結構主義熱潮。

結構主義是一種認為要素之間的差異或關係是決定結構重要因素的思想。他試圖透過結構主義的分析，來顛覆近代西洋的優勢。另外著有《親屬關係的基本結構》、《憂鬱的熱帶》等書。

雅克・德希達
（1930～2004）

法國現代思想家。出生於法國殖民地阿爾及利亞。他沒有顯赫的學術地位，但曾經擔任過高等師範學院的教師，後來還設立了國際哲學院，並親自擔任第一任院長。作為代表後結構主義的思想家，他不僅在國內，也在世界各國展開演講活動。

他的思想是從根本去顛覆過往的西洋哲學傳統，就像是「解構」概念的象徵。著有《書寫與差異》、《聲音與現象》、《論文字學》等書。

第 5 章

七龍珠
×
列維納斯

讓自己變強大的方法

本章會以《七龍珠》與《火影忍者》作為切入點，並運用存在主義作為分析工具，論述意識的爆發。對一個人的成長來說，不可或缺的要素是什麼呢？

為了變強需要做的事

七龍珠的漫畫於一九八四年開始連載，是我這個世代的代表作。當時我還是個國中生，好幾次假裝使出龜派氣功鬧著玩，而且理平頭的朋友一定會被大家叫做克林。

火影忍者（以下簡稱「火影」）則是在七龍珠之後問世的另一部暢銷大作，經常被說是七龍珠的繼承者。七龍珠描繪中國武術的世界，而火影則是描繪忍者的世界。在這層意義上，兩者非常相似。

這兩部作品還有一個更大的共通點，那就是它們都在描寫一個想變強的少年逐漸成長茁壯的故事。在這類型作品中，只要你想，你就能無限地成長，從這層意義來看，可以說這類作品是在描寫意識的爆發。

在本章，我們將要探討在現代社會中使意識成長的可能性。

七龍珠的主角孫悟空和火影的主角鳴人，一開始都只是個普通少年。雖然蘊藏著與生俱來的才能，卻不知道怎麼使用，所以總是遭遇挫敗。只有想變強的心情比別人還強。

這個模式是成長故事經常使用的設定。

主角並非一開始就是既懂事又強大的人，頂多只是處在潛力尚未被發掘的狀態。這種設定之所以經常被使用，大致上有兩個原因。

第一，單純是因為這樣能讓成長的幅度顯得很大。就像在功夫電影中，一開始打架打輸、哭著回家的成龍，日後帶著鍛鍊好的身體回歸一樣。

世界上雖然也有從一開始就展現實力的人，但是這樣寫成故事一點也不有趣。順帶一提，在動漫作品中，主角的死對頭常常都是這種人。這一點從以前到現在都沒變，例如《巨人之星》裡的花形滿。通常對手的設定都是惹人厭的精英分子，在七龍珠裡面是貝吉達，在火影裡面就是佐助了吧。相較之下，主角則是沒什麼特長，又帶點搞笑成分。

這樣的死對頭會成為主角成長的標準。一開始主角會輸給對方，後來兩人逐漸實力相當，最後超越對方。不，真正的結局是與死對頭聯手打倒真正的敵人。這就是套路。雖然死對頭常常會在最後為人犧牲，迎來死亡的結局。

成長故事之所以經常如此設定，另一個原因是這樣較能讓受眾產生共鳴。漫畫的讀者和動畫的觀眾之中，屬於主角類型的人應該壓倒性地多。有多少人從小就是菁英，並能徹底發揮才能呢？大部分的人肯定都只是想著：我應該也能做到、有一天我也能做到。實不相瞞，我也是如此。

長大成人後這樣的人就漸漸變少了。不過，小的時候很多人都還相信著自己的潛能，所以這種成長故事才會如此受歡迎。

即便是成人，二、三十歲時也還相信自己會成長，或者應該說，想要相信自己會成長，或許他們就是因此受到這類作品吸引。實際上愛看漫畫或動畫的大人所在多有。

超過四十歲之後，這樣的人就明顯少了許多。比起成長故事，這時候會開始對如何度過安穩的人生產生興趣。不過我自己明明快五十歲了，還依然在苦苦掙扎就是了。既然我還在寫關於動漫的書，肯定是還相信著自己會成長吧。或許在潛意識中還抱有「我要變得更強」或「我要當上火影」之類的念頭。

我指的當然不是身體上的成長，而是心理上的強韌，以及想在社會上獲得成功。沒錯，就是想要讓意識爆發。

只要擁有堅定不移的信念，就能變強

人類的優點就是能夠自我成長，而物品不會成長。雖然聽起來理所當然，但平常我們卻不會注意到這一點。第一個針對這件事進行明確論述的人物，是法國哲學家沙特。他以拆信刀為例，指出人雖然相無法從頭到尾改變命運，但可以為自己創造價值。他以存在先於本質來表現這個道理。

也就是說，自己人生的這個存在，優先於命運這個本質。而他將這個思想命名為「存在主義」。

因此，存在主義可說是一種極為積極正向的思想。畢竟僅憑一己之念，就能自由自在地改變自己。包含成長在內，將這一切化為可能的就是自己的意識。

想要改變自己，最重要的是想要改變的這份心情。如果沒有這份心情，就沒辦法改變。雖說如此，社會也沒有這麼好混。即使想要改變，也會有障礙阻擋在眼前。我們該如何處理這些障礙呢？

對此，沙特提出了「涉入」這個概念，它的英文是engagement，也就是積極參與的意思。從這一點來看，或許比較接近commitment的意思。無論如何，都是指遇到障礙時要勇敢面對，不要放棄或逃避。

這也可以算是實現自由的一種方法。仔細想想，我們並不是萬能的，所以只能在障礙面前苦苦掙扎。這就是人生。

但是，這時候千萬不可以覺得無計可施而自暴自棄，必須堅信自己能夠跨越障礙。悟空和鳴人都對此擁有超乎常人的確信。比如絕對要在天下第一武道會拿下優勝，或是絕對要當上火影等等，這份堅定不移的信念使他們變得強大，跨越了不可能的障礙。我們受到他們的鼓舞，於是夢想著自己也可以讓意識爆發。

只要擁有夥伴，就能變強

在悟空和鳴人的成長故事中，另一個不可或缺的要素就是夥伴。他們並不是一個人在戰鬥，總是有夥伴在身邊。這就像是我們所處的社會縮圖，比如學校或職場。

先前提到了死對頭，而其他的重要角色還有女主角。在成長故事中，女主角可說是不可或缺的存在，例如七龍珠的琪琪，火影的雛田。她們基本上是擔任支持主角的角色。這和人生一樣，我們的人生也受到女朋友或妻子的支持。如果主角是女性，肯定也會反過來受到男性伴侶支持。但令人困擾的是，過去的社會一直都是男性至上，而且至今這個觀念仍然占據支配地位。

這裡暫且擱置女權主義的問題，來思考一下女主角的作用吧。成長故事中的女主角並非只是在主角背後默默給予支持。這正是有趣的地方。

她們是與主角一起追求成長的輔助角色。證據就是，琪琪是一名武道家，雛田也是一名忍者。想要在真正意義上給予伴侶支持，自己也必須對那個領域非常了解才行。這個道理就如同一個運動選手的好妻子，都會非常了解丈夫的運動項目，並能在飲食和生活方面提供對方最大程度的幫助。或許也有點像是相撲部屋的女將。

這一點也和沙特的情況不謀而合。沙特的伴侶西蒙・波娃是一名女性作家，也是存在主義思想家。也就是說，西蒙・波娃既是存在主義的女主角，也是共同支持沙特思想的人物。

沙特之所以能完成存在主義這套思想，都是因為有西蒙・波娃，這麼說一點也不為過。成長故事裡的女主角，說是同志會更為貼切。

因為主角與女主角之間產生化學反應，才能夠引發意識的大爆發。

而比女主角還要重要的夥伴，就屬朋友了吧。友情可說是成長故事裡一定會囊括的要素，尤其是以少年少女為主要觀眾的動畫。夥伴能讓自己成長。要說為什麼，原因就在於夥伴是他者。

當自己想獲得成長的時候，除了自己以外的人全都是敵人，說難聽一點，他人全都是可以拿來利用的手段，來讓自己獲得成長的手段。因此，為人著想之類的事，就顯得無關緊要了。但是這樣事情是不會順利的。

因為這個世界並不是靠我們自己一個人運轉。有時候我們會遇到不與人攜手合作就無法跨越的難關。更重要的是，人類的心靈比我們想像的還要脆弱，一個不小心，就會遭到孤獨的折磨。

對於一直在孤身奮戰的人來說，受孤獨折磨的時刻應該會更多。這時候，如果有與自己並肩努力的夥伴存在，就能跨越難關。法國哲學家列維納斯提出的「他者論」也說明了這一點。

根據列維納斯的說法，人類如果只意識著自己，就會陷入孤獨。因為這樣很容易會認為世界上只有自己在受苦。

他以失眠的夜晚為例。在失眠的夜裡，應該會感覺黑暗之中只有自己在漫無目的地徘徊吧。

要怎麼做才能擺脫這種黑暗與孤獨呢？

列維納斯說，要去意識他者。直視他者的面容，就會逐漸產生他者性，也就是去意識到他者。

這不是指A很在意B的意思，而是意識到這個世界上有著與自己有別的異樣存在。如此一來，我們才會發現原來世界上並不是只有自己在受苦受難。

而夥伴正是這樣的他者。在這層意義上，敵人也包含在內。和自己一起在世界上受苦受難的同志不是只有夥伴而已，敵人也是一樣。因此悟空和鳴人都選擇寬恕敵人。這份寬恕，同時也是感謝的證明，意思是感謝對方讓自己變強大。

列維納斯主張，我們應該為他者承擔不對稱的責任。就算什麼都沒做，我們也要為他者承擔責任，因為有他者的存在，我們才能活著。這種思想感覺已經接近達觀了。

話說回來，成為最強之人後的悟空和鳴人，身上都散發著宗教家的氣息。這也許是因為所謂的最強，並不是指戰鬥能力達到最高峰的人，而是指精神達到達觀境界的人。

無論如何，要讓意識爆發或達到那個境界，我們都需要他者。七龍珠和火影告訴了我們這個道理。

不恥下問的重要性

最後我想談的是導師的存在以及修行，在成長故事中，這兩者即是讓主角獲得飛躍性成長的契機。

想讓意識爆發，需要一個點火的契機。我們必須透過正確的方法，才能讓才能開花結果並獲得成長。而導師的作用就在於此。主角會從導師那裡習得正確的方法。

悟空遇到了龜仙人，鳴人遇到了自來也。接著在身體和心靈上都進行了嚴格的修練。對於大多數想讓潛藏意識爆發的人來說，我想這是個不可或缺的過程。

我自己也是經歷過這個過程，現在才能作為一名哲學家展開活動。雖然還沒到達最強的境界。我的導師是研究所的老師，修行則是攻讀學位。

要是沒有這個過程，無論我有多好的思考能力和文采，大概都沒辦法成為哲學家吧。哲學是一種儀式，必須要扎實地學到精通才行。

是否經歷過這個過程，說得更精確一點，是否發現這個過程，就是讓意識爆發的第一道關卡。

那麼，要怎麼發現呢？

很簡單，只要向悟空或鳴人學習就好了。雖然很想說可以向我學習，但這樣講實在過於不自量力，故暫且作罷。不過我和悟空他們也是一樣的。

換句話說，就是發現自己的弱小。運動選手也是一樣。要變得更厲害，就必須直視自己現在的實力。如果不願直視，無論過多久都不會有所成長。

一定要經歷過原以為自己很強，卻被敵人打得落花流水的經驗才行。

有過這種經驗之後，我們才能誠心誠意地低頭向他人討教。這份謙虛，是學習一切事物的前提。每個人都擁有某種才能，而要讓這才能開花結果，就必須學習技術與正確的方法。

請大家好好面對自己實力不足的事實。這是為了讓意識大爆發，也是為了成為最強。

讓意識「爆發」的哲學

存在主義前史

本章將意識的飛越性成長視為意識爆發，並藉此聚焦探討沙特的存在主義。因為沙特的存在主義是一種透過改變自我來開創人生的思想。

不過，存在主義是有前史的。

其先驅就是丹麥哲學家齊克果。

他認為，「成為本應成為的自己」這種為了創造自我而持續付出的無限努力，才是存在的意義。而迷失真實自我的狀態，則是絕望。齊克果說，要成為真實的自己，必須要經過三個階段。也就是所謂的三個存在階段。

第一個階段是「審美」。在這個階段，人們是基於美感或快感採取行動和做選擇，只是依循感性在生活。然而，就算得到了渴望的一切，等待著自己的卻只有深深的倦怠。

而當人們無法得到想要的事物時，就會陷入自我厭惡，體會到名為挫折的絕望。接著，才能夠進入下一個階段。

第二個階段是「倫理」。在這個階段，人們會察覺到人性的精神層面，遵循倫理生活。指的是為了擁有更好的人格，試圖讓自己更接近普羅大眾認為應該如此的倫理形象而採取行動的階段。

當這個階段走到終點時，人們會發現自己的無能為力。如果沒有，那應該就是陷入了認為自己在倫理上已經接近完美這種傲慢的狀態。無論如何，這種狀態都可說是代表著自身極限的絕望深淵。接下來，終於要進入下一個階段。

第三個階段是「宗教」。指的是在體會過重重絕望之後，將自己交給神的階段。一般來說，人們會藉由自我否定來懺悔自己犯下的罪，然後接納自己內部神性的存在，但是會因為兩者的存在落差，再次受到強烈罪惡感的折磨。

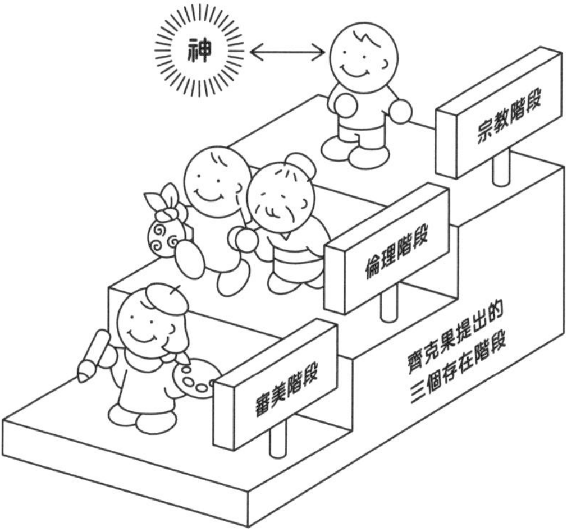

如此一來，人們才能接受與自己過於異質的神存在。而有罪的自己只是作為一個單獨的人，站在神這個聖潔的存在面前。

而支撐著人們的，正是超越理性的非理性信仰。也就是說，在神的面前，我們終於意識到真實的自我。

雖然是以對於神的信仰作為前提，但是這項發現就是存在主義的幼苗。

在此之後，存在主義由尼采和海德格批判性繼承，最後由沙特完成。

沙特的存在主義

沙特說，人類並不是受到既有事物本質支配的存在，應該是要靠自己開闢未來的實在性存在。

如同先前所說，沙特以「存在先於本質」來表現此概念。所謂的實在就是存在，而本質則類似於一開始就被決定好的命運。

沙特舉了拆信刀的例子來說明。

拆信刀是用一種固定方法製造出來的物體，同時也具有特定的用途。因此，拆信刀的本質先於存在，也可以說它的存在受到限制。

由此可知，像拆信刀這種一開始就確定了製作方法和用途的存在，是本質先於存在。換言之，它的命運是不可改變的。

人則相反，是「存在先於本質」。人最初什麼都不是，而後才會成為一個人。而

沙特的存在主義

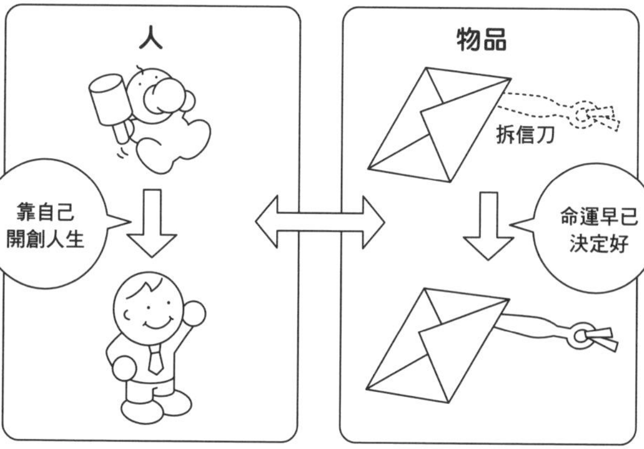

存在先於本質　　本質先於存在

且人會為自己的存在創造價值。這也代表，人的命運是可以改變的。

雖說如此，畢竟人還是生活在社會中，所以並不是凡事都可以改變。遇到這種狀況該怎麼辦呢？

對此，沙特提出了涉入的概念。

涉入是一個沙特用語，意思是積極參與。沙特曾經歷過戰爭。有一段時間他被徵召入伍，被迫從軍。在這無法避免的拘束之下，他明白了自由只能存在於自己被賦予的「狀況」中。

要如何在被賦予的狀況中實現自由呢？

由於無法逃離，所以就只能跳進去了。這個行動與遇到光憑自己的心情無法改變的客觀事態時，就摸摸鼻子接受的消極態度有著一百八十度的不同。這是一種積極的態度，透過積極參與社會，也可以改變客觀事態。

列維納斯的他者論

同為法國哲學家的列維納斯與沙特關係深厚，他們作為盟友，一直在給予彼此刺激。列維納斯雖然不是存在主義者，但也發展出一種有助於意識成長的思想，也就是他者論。在他者論中，他提出了「il y a」的概念。

「il y a」為法語，意思是「有（無人稱的存在）」。列維納斯在戰爭中失去了一切，儘管如此，世界和自己依然像是什麼都沒發生似的存在著，他對於這個狀況感到恐懼，並用「il y a」來表現這個狀況。

根據列維納斯的說法，在可比擬為暗夜的「il y a」之中，人會陷入孤獨。因

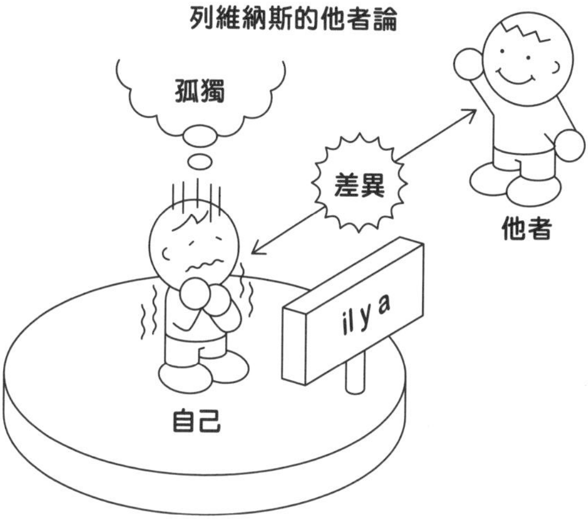

此，我們應該做的，無非就是從孤獨中逃離，更進一步地說，是從「il y a」之中逃離。

簡而言之，列維納斯所說的孤獨，就是指在「il y a」中封閉自我。換句話說就是自己心中沒有他者存在的狀態。

因此我們需要為他者承擔責任。不過，就算接納他者進入自己的內心，也不能與他者同化。因為如此一來，就失去他者的意義了。

將我們從孤獨中拯救出來的他者，是一個完全與自己有別的存在，也就是說，一定要保持在有差異的狀態才行。

因此，光是向他者尋求共鳴或物理上待在一起是不行的。

理想狀況是，要感受到他者這個差異始終刺痛著自己。如此一來，我們才會認為不是只有自己一個人在受苦受難。

由此可知，他者是成長過程中不可或缺的要素。

索倫・奧貝・齊克果
（1813～1855）

丹麥哲學家。經歷過不幸的童年，容易感到絕望與焦慮，因此提倡能夠跨越絕望的思想。他雖然將神的存在視為前提，卻依然提倡人要自己面對命運，因此被稱為存在主義的先驅。

他經歷過被稱為維珍妮問題的奇妙悔婚事件，以及與病魔對抗的日子，度過了波瀾萬丈的人生，但是年紀輕輕就與世長辭。著有《致死的疾病》、《焦慮的概念》等書。

尚－保羅・沙特
（1905～1980）

法國哲學家。以榜首之姿從全法國菁英齊聚的巴黎高等師範學校畢業。他在這段期間邂逅了才女西蒙・波娃，兩人終生都沒有正式結婚，卻始終保持著情侶關係。在出版了風格強烈的處女作之後，他辛辣的小說和戲曲作品接連問世。最後他獲得諾貝爾文學獎，卻因為厭惡權威而拒絕領獎。

他提倡存在主義，呼籲人們要自己開拓人生，同時也藉由實際參與示威等行動實踐其思想。著有《存在與虛無》、《嘔吐》等書。

伊曼紐爾・列維納斯

（1906～1995）

出生於立陶宛的猶太裔哲學家。親戚幾乎都遭到納粹德國殺害，他本人則活躍於流亡之地法國。由於自己也曾遭到納粹德國逮捕，所以呼籲大眾要尊重他者的存在。

他特別重視每個他者各自不同的「面容」，並提倡對於他者的不對稱倫理。此外，也根據「il y a」這個概念，提出有助於擺脫孤獨的思想。他在猶太研究方面也相當知名。著有《整體與無限：論外在性》、《別樣於存在或超過本質之處》等書。

第 6 章

航海王 × 羅素

得到幸福的方法

本章會以《航海王》作為切入點，並運用幸福論作為分析工具，論述意識的航海。人要如何與意識共處，才能獲得幸福呢？

往外看就能得到幸福

無論是從原版漫畫的集數來看，還是從在全世界受歡迎的程度來看，航海王都堪稱目前第一名的動漫作品。

航海王受歡迎的祕訣，就是冒險這個永恆的憧憬貫穿了整個故事。每個人都會解放意識到世界的另一端，藉此追求全新的刺激。而航海王這部作品正好可以讓人模擬這種意識的航海。

據說擁有全世界財富的海賊王哥爾．羅傑，將財寶留在了偉大航路的盡頭，於是各路海賊圍繞著一個大祕寶「ONE PIECE」展開了激烈的競爭。其中一名公開宣布參戰的海賊，就是主角蒙其．D．魯夫。

魯夫乍看之下是個普通少年，但是在某個意外事件中，他吃下了會使人變成橡膠人的「橡膠果實」，於是擁有了無敵身體的他一邊旅行一邊召集夥伴，並且與強敵戰鬥。其中發生了許多愛、勇氣、友情與淚水的故事，已經不僅僅是單純的冒險。

世界上有一種奇怪的人，他們被叫做冒險家。

他們會刻意去走沒有人走過的路，拚上性命解決謎團。不管怎麼想，都只能用瘋狂二字形容，但是我們卻莫名地對他們的身影充滿憧憬。

我想應該是因為，他們替我們做了做不到的事吧。

每個人都想要嘗試冒險，但不用說拋棄性命了，我們連生活都無法拋棄。因此，我們才會將心情寄託於別人的冒險，並夢想著自己也能如此。

《航海王》中描繪的冒險世界也是如此。仔細想想，魯夫要成為海賊王的決定其實是非常不合理的，但是他卻放話說：「不是能不能做到，而是我想成為海賊王。」甚至還做好了死亡的覺悟。

不，對魯夫來說，打消冒險的念頭或許更像是死亡吧。我也曾經有過家裡蹲的經驗，但是那時的自己就像是一具會呼吸的屍體。至少對我來說是這樣。

既然如此，不如下定決心走到外面，盡情去做自己想做的事，如果最後因此死掉也是無可奈何。會這麼想一點都不奇怪。

雖然當時的我做不到這一點，所以還是繼續過著家裡蹲的生活。不過，最後我還是做好了類似於冒險的覺悟，跑出了那小小的房間。

在航海的終點，我找到了屬於自己的ONE PIECE。沒錯，那就是哲學。所以我現在很清楚，與其待在原地後悔，不如出發去航海，無論這個行動有多麼魯莽。

即便不是這麼極端的情況，比起悶在裡面，向外走也更容易得到幸福，許多賢人都是這麼說的。

比如說英國哲學家羅素，他在著作《幸福之路》中就強調了這一點。他本身是一個內向、封閉的人，據說甚至還有過自殺的念頭。

但是，在接觸到數學與哲學，並開始關注外面的世界之後，他就改變了。接著他開始培養出一些興趣，也開始參與政治活動。於是他發現，只要向外走就能得到幸福。這裡的意思指的並不是單純的出門，而是心理上的向外走。在自己的內心世界四處探索，是找不到任何東西的。

羅素用香腸製造機這個很有衝擊力的比喻來說明。

從前有兩台優秀的香腸製造機，其中一台覺得自己非常厲害，根本沒必要製造什麼香腸，於是它停止製造香腸，開始研究自己的過人之處。然而，不製造香腸的香腸製造機就只是一台沒用的機器，於是它成了一個廢物。

羅素想表達的是，封閉自我是絕對無法得到幸福的。人類的意識或許本來就是用來向外探尋。

好在人類是可以活動的，意識也是。人類可以到處走來走去，而不是只停留在一個地方。就像身體追求航海一樣，意識彷彿也在追求著航海，所以魯夫所下的決定也許是極為合理。

正面看待一切就能得到幸福

我們之所以會深受魯夫吸引，最大的原因就在於他出發航海這個決定。

但當然不只這一點，應該還有魯夫那極度正向的態度。無論遭遇多大的困難，魯夫始終保持著他的開朗與正向。快要被捲入巨大漩渦時，他說：「要是錯過這麼刺激的冒險，可是會後悔一輩子的。」前往危險的地方時，他興奮地說：「我聞到冒險的味道了。」他就是這樣的一個男子。

與羅素並稱三大幸福論者的其中一人，是法國的哲學家阿蘭。他的著作《論幸福》簡直就像是一本正向思考的型錄。阿蘭主張不屈不撓的樂觀主義，他斷言，不是因為成功而感到開心，而是開心才能獲得成功。

這和魯夫的正向思考可以說是一樣的。

阿蘭認為正向思考能帶來幸福。與其關注客觀事實，不如依自己的心情行事。我們不知道在冒險中會遇到什麼事。不，應該說是會接連遭遇困難。所以至少心情要保持正向，否則根本無法前進。如果每一次發生問題都覺得會完蛋，可就沒完沒了。

其實這個道理也適用於人生的冒險。世界上沒有人知曉未來。誰知道明天會發生什麼事，下一個瞬間會發生什麼事。在這層意義上，人生就和冒險一樣。既然如此，我們就必須始終保持正向。我覺得阿蘭似乎是在告訴大家這個道理。

我也經常提倡「正向哲學」。

這可以說是一種幫助我們開朗且堅強地活下去的哲學。哲學本來就是一門探究事物本質的學問，但是人們在觀察、思考事物時，雖然是在探究本質，但也必然會用人類的視角去看事情。

舉例來說，當我們在思考何謂自由的時候，得出的答案都會是對自己而言的自由。既然如此，我們應該可以總是將事物的本質定義為正向的。

既然可以用負面的角度看待自由，將自由視為迷惑人們的東西；當然也可以採用正面的看法，將自由視為拓展人們可能性的東西。

換句話說，我們可以將任何事情定義為正向。

我提倡在這層意義上的正向哲學，相信這樣思考就能得到幸福。而我在看《航海王》時再次感覺到，裡面的角色就是正向哲學的實踐者。

不只是魯夫，他的夥伴們也是如此。

相信夥伴就能得到幸福

沒錯，航海王也是一部非常重視夥伴的作品。夥伴指的就是「草帽一行人」。上個章節也有提到夥伴，不過這裡會將夥伴視為在意識航海中不可或缺的要素，試著從稍微不一樣的視角來探討夥伴的存在。

在上個章節中，我說夥伴對悟空和鳴人來說，是幫助他們成長所不可或缺的要素。而在航海王裡，夥伴則可以說是彼此鼓舞、互相彌補不足之處的存在。如果要比喻的話，夥伴就像是一片一片的拼圖碎片一樣，可以說是另一個ONE PIECE。

每一個夥伴都是ONE PIECE，一起努力實現更大的ONE PIECE。魯夫也不是什麼完美的人，他會感到沮喪，也會感到煩惱，在夥伴的互相鼓勵和幫助之下才得以克服種種問題。

航海絕對不是一件輕鬆的事。這時候夥伴們會各展長才，突破難關。三刀流劍士索隆是戰鬥員，娜美是航海士，騙人布是狙擊手，香吉士是廚師，多尼多尼・喬巴是船醫，妮可・羅賓是考古學家，佛朗基是船匠，布魯克是音樂家。

當然，他們在心靈上也互相扶持。也就是說，在意識航海的層面也互相扶持。話說回來，魯夫之所以會招募夥伴，就是因為他沒有自信能只靠自己完成夢想。每當魯夫遇到適合的人物，就會直率地表達感情，拚盡全力去說服對方加入。

在邀請多尼多尼・喬巴加入海賊團的時候，魯夫窮追不捨，直到對方屈服；他為了說服羅賓加入，甚至不惜與世界政府為敵。然後，當香吉士想要離開的時候，他用盡一切能說的話來勸阻他。在這所有的場面中，魯夫都放下了自己的尊嚴，告訴對方：我不能沒有你。

其中最具代表性的，就是他對著香吉士大喊的「要是沒有你的話，我就沒辦法成為海賊王啊！」這句話，而且這應該是他的真心話。

只是少了香吉士一個人，應該還是有辦法繼續走下去的。但是在魯夫的心中，這就是真心話。我們就是因為從他拚盡全力的叫喊中理解了這一點，才會熱淚盈眶。

這些事也有可能發生在我們的人生當中。

我至今為止從事過很多種工作，但沒有任何一份工作是能自己一個人做的，我總是一邊借助某人的力量，一邊和夥伴攜手合作。寫書也是如此。乍看之下雖然像是一個人在寫作，但作者一定得和編輯同心協力，也還會與其他許多人合作。

除非編輯堅持拒絕，否則我一定會寫一段謝辭給編輯。這種表現雖然略顯陳腐平庸，但我的心情和魯夫是一樣的，我總是在心中大聲吶喊著。

無論在哪個世界，要是沒有夥伴的支持，我們都無法完成意識的航海。因為航海是一趟沒有目的地的旅程，與走在決定好的道路上大不相同。就算有海路，就算有航海士，大海畢竟還是大海，處處隱藏著危險。

比起走在決定好的道路上，人生更像是一場沒有目的地的航海。因此航海王才能打動每個人的心。而且不只是日本，航海王在全世界都很受歡迎，堪稱普世哲學。

屬於你的偉大航道又在何方呢？

讓意識「航海」的哲學

羅素的幸福論

本章透過意識的航海來探討正向哲學，而其理論基礎就來自羅素、阿蘭、希爾提的三大幸福論。

由於這三位哲學家都寫過探討「幸福」的書，所以合稱三大幸福論者。當然，哲學領域還有其他的幸福論存在，不過這三人的著作不僅內容特別優秀，還各有各的特色，請大家先一併了解這一點。

首先要介紹的是羅素的《幸福之路》，這應該算是最有邏輯且最主動的幸福論。全書分為兩部，第一部針對不幸的原因進行分析。不管遇到什麼問題，一開始都必須先徹底分析問題的成因，這一點我想已無需多言。

羅素在第一章指出，造成不幸的最大原因是自我專注，而自我專注有三種型態：「罪人」、「自戀者」、「自大狂」。

只關注自己的內心世界是無法得到幸福的。他以此為基礎，將上述要素根據不幸的原因進一步分類，進行分析。

例如，在「無聊與興奮」這個篇章中，他不單指出無聊是造成不幸的原因，還說無聊的相反不是快樂，而是興奮。人類之所以會狩獵、發起戰爭、求愛，全都是為了追求興奮。

雖說如此，追求過度的刺激將會沒完沒了。因此他給出以下結論，想要得到幸福，就必須培養出一定程度的忍受無聊能力。

而在「恐懼與論」這個篇章中，他指出，除非自己的生活方式和世界觀被與自己有社會關係的人們所接受，否則人是無法獲得幸福的。尤其是與自己生活在一起的人，如果無法得到他們的認同，就會陷入不幸。

列舉出這些造成不幸的原因之後，羅素便開始論述解決這些問題的方法。這些方法可以總結為一句話——控制思考。所謂的控制思考，指的是能夠在該思考的時候針對事情進行充分思考的能力。這種能力可以透過精神訓練來獲得，因此我們才能夠積極地看待幸福這件事。

接著，他在第二部探討得到幸福的方法。與第一部不同，第二部談論的內容並非不幸的人藉由解決其本原因得到幸福的方法，而是任何人都能得到幸福的方法。羅素從多樣化的觀點，提供能讓人得到幸福的提示。

他告訴我們要對任何事情都抱有熱情，又告訴我們要培養興趣。總歸一句話，幸福的人就是採取客觀的生活方式並且擁有自由愛情與廣泛興趣的人。各位可以將客觀的生活方式理解為不受主觀限制並向外探尋的生活方式。而這可謂正向哲學。

阿蘭的幸福論

阿蘭的著作《論幸福》有著與羅素不同意義上的正向，也就是樂觀（樂天）。而且不僅樂觀，它還有著另一項特色，就是文章相當淺顯易懂。

之所以會這麼說，是因為從這本書的原書名《Propos sur le bonheur》（直譯：關於幸福的言談）也可以看出，這是一本由好幾篇隨筆集結而成的隨筆集。原書名中的「propos」，指的是寫在一張紙左右兩頁的短篇專欄文章。據說阿蘭每天都會寫「propos」，而且都是花兩個小時一次寫好。確實這些文章讀起來都很有這種生動感。由於這些都是為了報紙專欄所寫的文章，所以淺顯易懂也許是理所當然的。

阿蘭的《論幸福》不同於系統性的哲學書，架構也不像羅素的著作那麼有邏輯性。畢竟它是一本從總計多達五千篇、談論各式各樣議題的隨筆之中，挑選出內容直接或間接與幸福相關的篇章集結成冊的書。

因此，每一篇的寫作視角都很獨特，每一篇都充滿新鮮感，即使如此，這些隨筆依然具有共通點。

那就是阿蘭面對人生的積極態度。他將自己的立場形容為「不屈不撓的樂觀主義」。也就是說，書中的每個篇章都不只是輕視現實的單純樂觀主義，而是在了解現實嚴峻的基礎上，依然選擇面對並試圖解決，將樂觀主義貫徹到底。

遇到問題時只要讓心情變好就能變幸福，以及幸福必須靠自己尋找等等，我們可以從這些既嚴肅又樂觀的建議中了解到這一點。

阿蘭《論幸福》的另一個特色，就在於他告訴人們要擁有自己明確的價值標準。只要擁有自己明確的價值標準，應該就不會太過在意他人評價以及或多或少的失敗了。

阿蘭就是在告訴大家這件事，所以才會呼籲大家不要擔心、要勇敢活下去。也就是說，如果我們受到某種東西限制，就會沒辦法獲得幸福。人要自由地思考與行動，才能得到幸福。我想阿蘭是藉由把自己每天的思考寫成隨筆來實踐這件事。

希爾提的幸福論

相較之下，希爾提的幸福論就有些不同了。

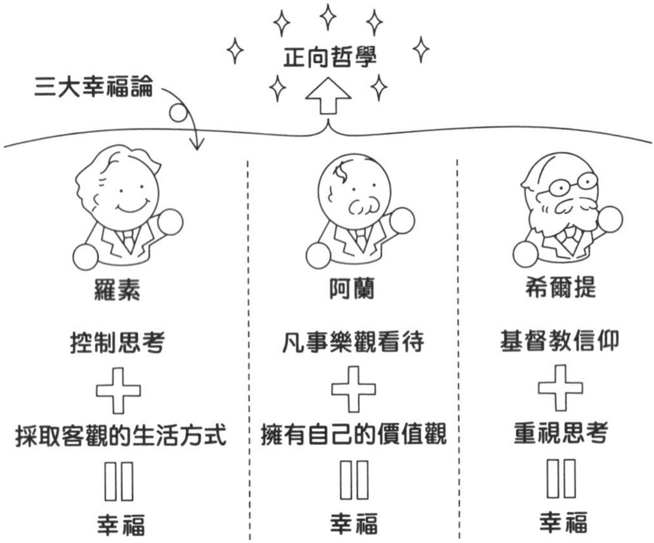

他可能是因為深受聖經的感召，所以寫了許多關於宗教倫理的著作，而其中之一就是《幸福論》。因此，他的幸福論特徵就是以基督教信仰為基礎。

希爾提說：「人從意識剛甦醒的那一刻到意識消失為止，最熱衷追求的，就是幸福的感情。」

人們就是如此重視幸福。與其說信神者會得到拯救，不如說信神者能得到幸福，這也許才是真理。

當然，他的幸福論並不是只適用於基督徒的狹隘理論。

只要將信仰這個概念替換成信念，就會發現書中充滿了適用於每個人的真理。他尤其重視思考這件事。由於幸福屬於人類的精神活動，所以思考不可或缺。

並不是想也不想地把一切全交給神就好，而是要自己去努力思考並行動。如此一來應該就能收穫幸福的果實。

其中希爾提最重視的就是工作。他倡導要找到自己該做的工作，並致力於此。這可以解釋為基督教的職業召命觀，或者也可以擴大解釋為他面對人生的積極態度之體現。

從這一點來看，希爾提的幸福論應該也可以算是一種正向哲學。

伯特蘭・羅素
（1872～1970）

英國哲學家、邏輯學家，也是一名政治活動者。出生於貴族之家，祖父是曾兩度擔任英國首相的約翰・羅素。就讀劍橋大學時，專攻藉由哲學建構數學基礎的數學哲學。接著與懷特黑特共同發表了《數學原理》。在進行哲學研究的同時，他慢慢開始關心政治，也曾參加競選。

晚年致力於和平運動，發表了羅素－愛因斯坦宣言。也得過諾貝爾文學獎。著有《哲學問題》、《幸福之路》等書。

阿蘭

（1868～1951）

本名為埃米爾－奧古斯特·沙爾捷。法國哲學家、作家。擔任高中哲學老師，培養出西蒙·韋伊等著名哲學家。長年在報紙上連載名為「propos」的短文。

《論幸福》是從五千多則「propos」中挑選出以幸福為題篇章集結成冊的隨筆集，至今仍是一本極受歡迎的名著。另著有《論美學》、《論宗教》等書。

卡爾・希爾提

（1833～1909）

原本的專業是法學，曾經擔任律師，最後爬上瑞士陸軍首席法官之高位。後來受聘為伯恩大學的教授，並發揮其淵博學識，開始進行寫作，其寫作範疇廣泛，不僅限於法學。由於深受聖經影響，所以寫了許多關於宗教倫理的書。著有《幸福論》、《為了不眠之夜》等書。

第 7 章

精靈寶可夢 × 德勒茲

讓自己進化的方法

本章會以《精靈寶可夢》和《妖怪手錶》作為切入點，並運用柏格森和德勒茲的哲學作為分析工具，論述意識的變化。究竟要怎麼做才能成為一個成熟的大人呢？

精靈寶可夢的角色會進化

精靈寶可夢的知名度遍及全世界，近年來更因為Pokémon GO這款遊戲成功帶起熱潮。而妖怪手錶不知道是對到了喜歡妖怪的日本人胃口，還是對到了喜歡體操的日本人胃口，總之也是大受歡迎。

本章將透過意識的觀點，聚焦觀察隱藏在這兩部兒童動漫之中的共通點。簡言之，就是探討那是否為意識的變化。

先從精靈寶可夢開始吧。寶可夢是口袋怪獸（pocket monster）的簡稱，這是一個孩子們像養寵物般訓練寶可夢，並讓他們成長的故事。

一開始可愛又弱小的寶可夢，在戰鬥中逐漸成長，最後幻化成最強的寶可夢。能把寶可夢培養到多強，端看飼主，也就是寶可夢訓練家的手腕。

這裡不能忘記的是，雖說是訓練，但與單方面調教寵物不同，身為飼主的自己也會跟著成長。從這層意義來看，飼主這個想法本身就存在問題。作品中也有意識到這一點，簡直像在虐待寶可夢般的訓練方式是受到否定的。主角小智也是把皮卡丘當成朋友看待。

皮卡丘不願意進入精靈球這點，就是一個象徵性的事實。普通的寶可夢會待在精靈球裡面，只在戰鬥這類有需要的時候才會出來。然而，即便會讓自己的身體暴露在危險之中，皮卡丘還是很抗拒進入精靈球。理由不是別的，正是友情。少年們也會透過這種人生故事獲得成長。

精靈寶可夢這部作品把寶可夢的成長稱為進化。成長與進化的不同在於，前者是指預料之內的變化，而後者則是指超乎預期的變化吧。

生命會往各種方向進化

此時，我想起了法國思想家亨利・柏格森的進化論。

柏格森提出了「生命衝力（Élan vital）」的概念，提倡一種獨特的進化論。生命衝力的意思是「生命的飛躍」。

根據柏格森的說法，生命並不是透過魚跑到地面後變成猴子，猴子又變成人類這種線性方式進化的。他認為，生命是藉由朝四周爆發式地分散來進化。

因為，雖然從某個時間點開始，生命就產生了植物與動物的分歧，但植物和動物身上都殘留著彼此的痕跡。確實，植物之中也有食蟲植物或會動的植物存在。

像這樣讓生命往多個方向發生分歧並進化的原動力，正是生命衝力。

柏格森試圖透過這個理論，駁斥用機械論方式來理解生命進化過程的想法。機械論認為，自然界整體就像是一個在數學法則支配下的機械，我們就能夠計算出未來的進化，彷彿已經得到了一切。

若是這樣的話，就等於是將適用於可人為預測的物質法則，不當地擴大應用到有可能發生無法預料之事的生命世界。生命與其他的物質是不同的，生命的世界是會發生超乎想像的變化。

在寶可夢的世界裡，寶可夢和身為主角的少年少女們所發生的變化，更接近這種意義上的進化。寶可夢身上出現超乎訓練家預期的變化，讓他們感到驚訝。那超乎預期的發展也讓電視機前面的我們感到興奮不已。

身為寶可夢訓練家的少年少女們雖然沒有很明顯的成長，但是他們也在經歷過各式各樣的事情後逐漸變得成熟。這種成長，與只是年齡增長的成長完全不同。他們在戰鬥過程中嘗到平常體驗不到的痛苦、悲傷，以及後悔的滋味，並跨越這些困境，才逐漸變得強大。

這只能用進化來形容。

妖怪手錶的角色會變化

那麼，妖怪手錶又是如何呢？

在妖怪手錶這部作品中，妖怪不是由少年少女所飼養的。只有主角天野景太與妖怪管家威斯帕之間有著契約關係。每當景太擊退壞妖怪，都會與該妖怪締結朋友契約，收集妖怪徽章。

將妖怪徽章裝到一個特殊的手錶上，就能成功召喚這些妖怪。這個機制和精靈寶可夢很類似。

然而，精靈寶可夢的角色很單純，相較之下，妖怪手錶則有許多奇怪的角色。比如遭遇車禍而成為地縛靈的吉胖喵、遭到裁員的上班族因為一場意外與小狗合體成為人面犬，設定相當大膽。不過，這也是它紅的原因。

妖怪雖然不會成長，但是一直在變化。他們原本都有著正常的樣貌，是因為某些緣故才變成妖怪。而且，妖怪手錶裡的妖怪們本來都是壞妖怪，但在遇到景太之後就會變成好妖怪。

還有化為徽章再成為妖怪手錶這個變化。此變化可以稱為生成變化，因為在變化的同時也會生成全新的東西，比如變成妖怪前的貓和吉胖喵是兩個不同的東西。

惡意會變化成善意

在這裡我想談談一名思想家，那就是法國的吉爾・德勒茲。因為德勒茲就是探討生成變化的哲學家。奇妙的是，德勒茲的理論剛好是以柏格森的思想作為基礎。而柏格森提出的生命變化是立足於一元論，也就是萬物皆是從一個東西中生成的思想。

基本上，德勒茲也繼承了這種一元論，並將之比擬為卵。所謂的卵，就是其細胞會分化並化為生物的潛在性多樣體。這個潛在性多樣體中會產生生成的現象。所謂的生成，就是無形之物化為有形的過程。

妖怪是一種靈體，原本就沒有形體。說得更準確一點，他們本來只是人或動物的恨意。然而，這些恨意有時候會因為一些意想不到的原因而擁有形體。而那個形體正是妖怪。對人類來說，就是平常看不見的東西變得可以看見了。

在妖怪手錶裡，那些妖怪還會進一步變成徽章的型態。而這已經可以稱為妖怪創造了。因為它創造出了讓這些如同自然現象般的存在，依照人類意圖出現或收回的裝置。
巧的是，德勒茲也是從多樣的角度去探討創造這個概念。
首先，他將哲學本身視為概念的創造，並且把世界作為問題看待，同時主張問題並非用來解決，應該是用來創造的。
問題應該是用來創造的這個想法很有趣，不過仔細一想，好像也可以用來解釋妖怪徽章，因為妖怪代表的就是社會問題。
其實妖怪的存在是令人困擾。因為有妖怪出現，就代表發生了什麼不好的事。實際上，使用妖怪手錶和徽章召喚出妖怪朋友的時候，也都是需要擊退壞妖怪的時候。
而唯一的救贖，就是那個壞妖怪會成為妖怪朋友這個循環。
不，或許稱之為變化會更妥當。景太一開始對壞妖怪抱持著惡意，但最後那份惡意卻變成了善意。這種意識的變化，也是妖怪手錶的一大看點。

藉由照顧他人，自己也會產生變化

如同前述，不管是精靈寶可夢還是妖怪手錶，作品的主題都包含變化。不只是寶可夢或妖怪的變化，也可以明顯看出身為主角的少年少女們意識產生了變化。

當這些如自己寵物般的寶可夢或妖怪產生變化，身為飼主的人類也會跟著產生變化。就像是實際飼養寵物一樣。

讓孩子飼養動物的其中一個意義，就在於心靈的成長。

孩子們會透過照顧比自己還弱小的動物，從被照顧者轉變成照顧者，也就是逐漸成長為大人。更進一步地說，大人也能藉由養育孩子來獲得自我成長。

照顧下屬或後輩也有同樣效果。無論是哪一種情況，人類都能透過照料他人，讓自己獲得成長。而且，當對方的變化愈大，出現在自己身上的變化也會愈大。尤其是在意識層面。

在這層意義上，人類也許會不斷地像柏格森所說的一樣進化，並像德勒茲所說的一樣產生生成變化。

讓意識「變化」的哲學

柏格森的生命哲學

本章藉由意識的變化來探討進化與生成變化。這個哲學的系譜是由柏格森起頭，並由德勒茲繼承。

柏格森可以算是確立了生命哲學的人物。其中最具代表性的，就是純粹綿延這個概念。簡而言之，就是柏格森對於生命時間的獨到見解。

人們通常認為時間是一個線性的時間軸，而且可以被測量。但那只是因為我們把時間理解為存在於我們外在的東西，所以才會認為時間是可以分割的。

然而柏格森主張，時間其實是從人的內在產生，是一種可以直接感覺的東西，也就是心理時間，因此它是不能分割的。

換句話說，每一個瞬間都是獨立的存在，但我們會在心中將這些瞬間串聯起來，所以時間才會以局部反映出整體的形式存在。

因為它就像是音樂一樣，只要有新的音符加入，整體就會改變。

儘管如此，我們還是會像把數字相加一樣，只意識到有一個音符加進來。據柏格森所說，這是因為人們把時間和空間混為一談了。

空間可以量化，只要增加一平方公尺，就會增加一平方公尺的空間，但時間並非如此。

像這樣重新釐清時間的觀念之後，就不能再單純地用時間軸排列人類的進化。實

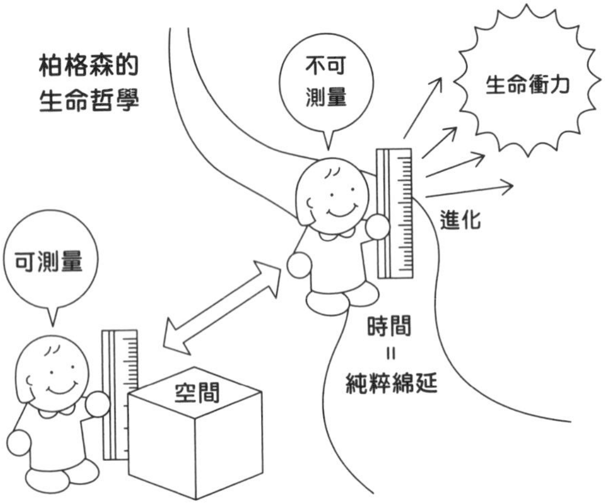

際上，柏格森也提出了自成一格的進化論，稱作創造進化論。其核心概念就是先前提過的「生命衝力（élan vital）」。élan可以譯為跳躍或飛越，所以生命衝力（élan vital）的意思就是指「生命的飛躍」。

根據柏格森的說法，生命的進化並不是單向且線性的，反而可以理解為是透過向四周爆發式分散來進化。

這正是飛躍性的進化。像這樣讓生命往複數方向發生分歧並進化的原動力，正是生命衝力。

柏格森表示，他只能推測這是身體組織

與必須解決的問題之間到達一個臨界點，因而產生的無法預料的生命變化。

德勒茲的生成變化

生命裡蘊藏著無法預測的潛在性。如同先前所述，德勒茲將這個潛在性比擬為卵，藉由批判性繼承柏格森的理論，展開了生成變化的論述。

因此，生成變化絕對不會如樹狀圖般依循邏輯發生。

不如說它是一種會自由出現的非邏輯現象。生成變化的象徵，應該可以說是與「樹狀」相反的「塊莖」吧。

德勒茲將樹狀的概念與塊莖的概念放在一起比較，藉此論述自己的思想。如果說樹狀是樹狀圖，那塊莖就是一種生長在地下的根狀莖。他用塊莖來表現沒有中心的網狀物體。

人類的思考方式有兩個典型，就是樹狀和塊莖。

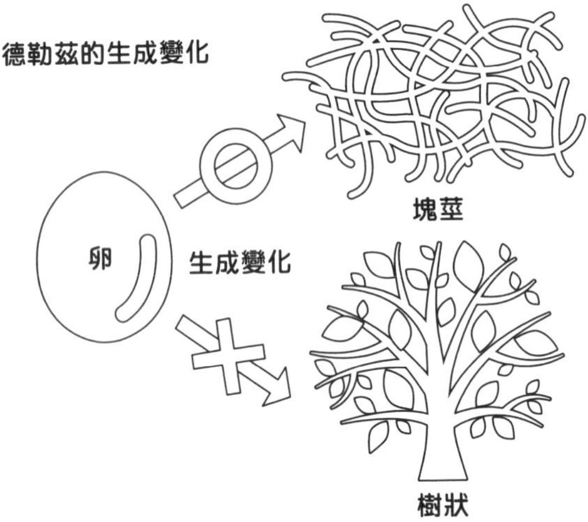

樹狀是過去主宰西方社會的思考方式。從樹幹延伸出樹枝的樹狀圖也算是一種思考法，例如生物分類系統就是其典型。

具體作法是建立嚴謹的基本原則，自始至終以此原則為基準，開始思考有多少模式和例外。

而這就是我們所熟悉的傳統思考法。分類的工作其實大多都是採用這種樹狀思考法。

與之相對，塊莖則是去除中心，既沒有開始也沒有結束的網狀思考法。其特徵是構成整體的各個單元都是隨意且交錯地連接，呈現一種混雜狀態。

此外，每當塊莖連接新的部分或被截斷，就會變換性質，有如多重體一般。也就是說，在連接的同時會發生變化。

這就表示，只要連接上新部分，整體的性質就會改變。這就是它被稱為生成變化的原因。具體上，不妨想像成大腦突觸或社群媒體的關係圖。

仔細一想，既然意識是腦部的產物，會出現塊莖式的生成變化搞不好也是理所當然的。

因此我們的意識才會蘊藏著無限潛在性。

亨利・柏格森

（1859～1941）

法國哲學家。提出「生命衝力（Élan vital）」的概念，並稱其為生命進化的泉源。此概念對於「生命哲學」的確立貢獻良多。此外，他也針對時間提出了純粹綿延這個獨特的觀念，大大影響了後來的時間論。

多才多藝的他還擔任國際智慧財產權合作委員會（國際聯盟的諮詢機構）的委員，其優美的文章也備受好評，曾獲得諾貝爾文學獎。著有《時間與意志自由》、《物質與記憶》、《創造進化論》等書。

吉爾・德勒茲
（1925～1995）

Gilles Deleuze

法國現代思想家。被歸類為後結構主義者。致力於創造新的哲學思想，而非探究過往的哲學。他說哲學就是概念的創造，於是自創了欲望機器、塊莖、無器官身體等許多詞語，並與精神分析師菲利克斯・伽塔利合著了多本書籍。

他不僅影響了現代思想，對電影等文化領域也帶來了壓倒性的影響，至今依然受到矚目。晚年疾病纏身，於自家公寓跳樓自殺。著有《反俄狄浦斯》、《千高原》、《什麼是哲學？》等書。

第 8 章

哆啦A夢 × 黑格爾

讓自己成長的方法

本章會以《哆啦A夢》作為切入點，並運用黑格爾哲學作為分析工具，論述意識的成長。克服人生問題之後，前方有什麼在等待著我們呢？

人會以極其微小的幅度成長

哆啦Ａ夢與黑格爾，這個組合突兀到光是擺在一起，就令人忍不住想笑，對吧？畢竟這兩個並列的名詞，一個是給予全世界孩子們夢想與希望的不朽名作動畫，一個是堪稱位居近代哲學頂點的艱澀哲學之王。

笑起來很可愛的哆啦Ａ夢，以及睥睨著他的黑格爾。

為什麼要刻意討論這個奇妙的組合呢？

答案很簡單，因為這兩者都在探討意識的成長。

《哆啦Ａ夢》這部作品擁有許多面向。例如，藉由展示未來的道具讓孩子們擁有夢想、描寫大雄的成長，以及登場角色之間以愛、勇氣與友情交織而成的故事等等。

尤其是大雄的成長這部分，畢竟哆啦Ａ夢也是為此現身的，所以應該可以將之視為最重要的部分吧。哆啦Ａ夢是一個從未來被派遣過來幫助沒用大雄成長的機器人。

也因為這樣，大雄成了沒用小孩的代名詞。

不，說得更精準一點，應該是雖然沒用但有成長空間孩子的代名詞。在哆啦A夢的幫助下，大雄總是會顯露出些微的成長徵兆。雖然幅度微乎其微，但就是這樣才好。人並不會在突然之間大幅成長，所以大家應該會覺得大雄很真實，且能對他產生共鳴。廢柴這個初始設定也很不錯。這一點與同為成長故事主角的悟空和鳴人不同。他會經歷失敗，然後把失敗當作墊腳石，慢慢地往上爬。就像辯證法一樣。

沒錯，哆啦A夢就是在這一點上與黑格爾產生了連結。

辯證法是黑格爾哲學中最知名的概念。

任何事物都存在問題。然而，棄問題於不顧是不會有任何進步的，所以要面對並解決問題，從而進步到更高的層次。辯證法的邏輯簡而言之就是如此。

黑格爾將這個邏輯套用在各種事情上，比如國家、歷史，以及人的意識。經由辯證法的過程，意識會像是爬上螺旋樓梯般逐漸成長。

若不遭到否定，就不會獲得大幅成長

黑格爾的成名作，同時也是不朽名著的《精神現象學》，就是一部用成長小說形式描寫這種意識成長的作品。

其實，《精神現象學》原本的書名是「意識的經驗科學」，然而在與出版社交涉的過程中，這個書名被半強制地改掉了，不過內容仍然是意識的經驗科學。

也就是說，這本哲學書就是在描寫意識經歷各式各樣的經驗後逐漸成長的過程。

書中描寫的，是自然意識經過意識、自我意識、理性、精神、宗教，最後到達絕對知識的過程。換句話說，就是純粹的意識透過與外在他者的連繫，逐步了解真實自我的過程。問題在於，這個連繫是什麼樣的連繫？根據黑格爾的說法，這個連繫會以否定的形式呈現。

否定能使事物進步——這可以說是黑格爾的基本思想。先前介紹的辯證法正是以否定性作為動力來源。

此概念有個專有名詞叫「反論點」，不過核心其實就是對事物的否定。當事物遭受否定，才會獲得成長。對照我自己的人生，也可以清楚了解這一點。一味地被稱讚，人是不會成長的。若是犯錯，就必須受到否定。如此一來人才能發覺自己的錯誤，進而獲得成長。

有名的「主奴辯證」就象徵性地描寫了這個過程。

人類為了生存，會拚上性命進行鬥爭。在這個過程中敗給死亡的恐懼，選擇從屬於對方的人會成為奴隸，因為他們對自己生命的欲望被奪走了。另一方面，不畏懼死亡，只為了自己榮耀這種精神價值而活的人則會成為主人。

然而，奴隸會透過勞動，從自己狹隘的欲望中得到解放；而主人則是藉由奴隸的勞動來滿足自己的欲望，因此對奴隸產生依賴。

此時，兩者的立場便會發生逆轉。也就是說，主人不得不承認奴隸。

再回頭看《哆啦A夢》，在這部作品中胖虎就像是主人，而大雄就像是奴隸，輸掉鬥爭的大雄服從於胖虎。不過，大雄在哆啦Ａ夢的幫助下重新振作，再次與胖虎對峙，最後贏得了對方的承認。

不，他們倆人之間甚至算是和解，也可以說是相互承認了。黑格爾的主奴辯證也可以說是接納相互承認的概念。最後他們彼此承認，於是才能重修舊好。

而這就是成長。小孩子就是這樣逐漸成長的。雖然小孩子之間會吵架，但是透過吵架，他們能與看不順眼的對象建立好交情，踏出成長的一步。大人也是如此。在公司會與討人厭的同事發生爭執，但在互相衝突之下，兩人都會有所成長。

沒有衝突就沒有成長。

用黑格爾的話來說，即沒有否定就沒有成長。在《哆啦Ａ夢》裡登場的大雄朋友們，都是否定大雄的存在。胖虎否定大雄體格上的弱小，小夫否定他在金錢上的弱勢，出木杉否定大雄的智慧，就連靜香都否定大雄精神上的弱小。

不過，多虧了周遭人們的否定，大雄才能獲得成長。再看看自己的周遭，就會突然覺得我們身邊的胖虎或小夫其實是一種彌足珍貴的存在。因為我們必須要受到否定，意識才會有所成長。

那麼，哆啦Ａ夢是否定大雄的角色嗎？

大家認為哆啦Ａ夢始終都是大雄的夥伴，畢竟他都特地從未來跑來了。而我則認為哆啦Ａ夢就是絕對知識。

絕對知識在黑格爾的理論中，就是能在意識成長最後階段得到的知識。根據就是，哆啦Ａ夢是從未來來的。

以遙不可及的成長為目標

黑格爾也曾論述過世界的歷史。

他的歷史觀為進步史觀。他說，這個世界依序經歷過東方世界、希臘世界、羅馬世界、日耳曼世界這四個階段，終於獲得了自由。這同時也是在絕對精神時間軸下的發展過程。

精神經歷過這個過程，讓自由開花結果。

換句話說，這個世界上的精神經歷時代的更迭，最後會抵達絕對精神的境界。而體現絕對精神的知識就是絕對知識。絕對知識是讓這個世界上的自由發揮到極致的狀態，也是能夠看透一切的知識。

哆啦Ａ夢簡直就是從黑格爾所描繪的從歷史另一端來到這裡的絕對精神之隱喻。我想說的，並不是哆啦Ａ夢那些吸引人的道具就是絕對知識的產物這種話。

我真正想說的，是我認為哆啦Ａ夢所擁有的知識就是絕對知識。作品中經常出現哆啦Ａ夢對大雄說教的場面，這些說教不僅僅是來自一個明事理機器人的建議，而是已經到了哲學家的程度。因此我們才會對哆啦Ａ夢說的話深感認同，甚至熱淚盈眶。

哆啦Ａ夢不是人類，而是機器人。這個部分的描寫我也覺得相當精妙，因為人類不可能是完美的。

黑格爾也不認為人類可以達到絕對精神的境界，那只是一個假設的目標和未來，而人們應該朝著它前進。

所以哆啦A夢非得是機器人不可。巧的是，他還是貓型機器人。一般認為貓是象徵自由的動物，而且不知道為什麼，有很多哲學書都是用貓的視角寫成。也許哆啦A夢是一種像貓一樣無所不在的存在。

我們經常說「要是有哆啦A夢就好了」，但這只是在羨慕他所帶來的方便。實際上哆啦A夢就在我們身邊，只是我們無法看見，因為哆啦A夢就是絕對精神。

絕對精神也可以比擬為神。也就是說，哆啦A夢是用神守望著子民的感覺在守望著我們。

如同我們想要接近神一樣，我們也希望成為哆啦A夢。證據就是，大家都會說「好想要有四次元口袋」。

不過，這是一個不可能實現的願望。我們能做的，只有透過否定讓意識成長而已。我們的哆啦A夢只能默默守望著我們。不過，光是覺得有哆啦A夢在身邊，心中應該就會湧現勇氣吧？

哆啦A夢回到未來之後，大雄不再依賴哆啦A夢，而是靠自己的力量站了起來。因為他也獲得了成長。

不過，哆啦Ａ夢肯定還在大雄的身邊，在他的心裡。從這層意義來看，哆啦Ａ夢也存在於我們身邊，存在於看著《哆啦Ａ夢》這部作品長大的我們身邊。我自己也是看著《哆啦Ａ夢》長大的。

我從不屈服於霸凌者，也一直很重視奶奶，說這全是多虧了《哆啦Ａ夢》也不為過。至今仍是如此。在網路上遭受抨擊、在工作上遭遇挫折，我都能重新振作，這是為什麼呢？

肯定是因為《哆啦Ａ夢》讓我的意識養成了接受否定的習慣吧。我非常理解為什麼全世界的人愛看《哆啦Ａ夢》，並且想要得到哆啦Ａ夢。

如果你現在正在為某件事而煩惱，請仔細看看你的周遭吧。有沒有一隻貓正在盯著你看呢？

也許那就是哆啦Ａ夢。請你側耳傾聽。

「拿出勇氣來，大雄。」是否能聽到有人在耳邊悄悄地對你這麼說呢？

讓意識「成長」的哲學

辯證法及其歷史

本章以意識的成長作為主題，並動員了所有的黑格爾哲學來解讀《哆啦A夢》這部作品。黑格爾是成功將近代哲學系統化的偉大哲學家，所以其思想中具有許多用得上的概念。

這裡會特別將焦點放在堪稱黑格爾哲學引擎的辯證法上，並深入探究其系譜。

辯證法在最一開始，只不過是人稱哲學之父的古希臘哲學家蘇格拉底所使用的一種對話法，也就是所謂的反詰法。蘇格拉底會藉由提問促使對方思考，從中推導出真理。

這個問答的過程，就是辯證法的起源。而將辯證法確立為促進事物進步理論的人

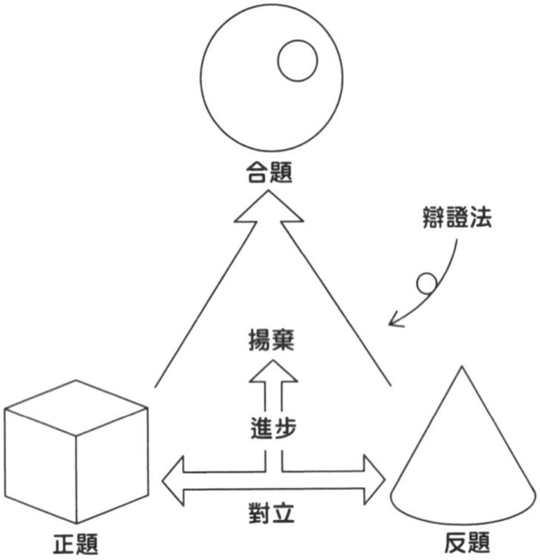

物，則是黑格爾。簡而言之，黑格爾的辯證法指的是，在問題發生時去解決問題，藉此到達更高層次的思考方式。

藉由這個方法，就可以為乍看之下無法相容的兩個對立問題，找出不用犧牲其中一方的更佳解決辦法。

具體來說就是「正→反→合」，也可以用「正題→反題→合題」來表現。有時也會說成揚棄（德語：aufheben）。

換句話說，就是當某事物（正題）存在矛盾的事例或問題點（反題）時，就去克服這些矛盾或問題，得出更完美且進步的解決方式（合題）。

這並不是單純透過二擇一而產生的妥協或折衷方案。所有事物都具有矛盾。既然有正面的面向，在別處就會有負面的面向。即便如此，事物依然確實存在。

換句話說，任何問題都是可以解決的。世上一切的事物都是藉由反覆經歷這個過程而持續進步。

在《精神現象學》中，黑格爾將這個理論應用於意識的進步，並說意識最終會發展到如神一般絕對知識的境界；在《法哲學原理》中，他說共同體型態最終會發展成國家，將個人的自由發揮至極限；在《歷史哲學》中，他說歷史最終會發展為自由主義。

當然，辯證法的過程並不平坦，過程中總是伴隨著否定，也就是鬥爭。黑格爾自己也利用主奴辯證這個比喻來說明承認說的本質。

也就是在生存鬥爭中落敗的人成為奴隸，侍奉主人。乍看之下，是奴隸要尋求主人的承認，然而在現實上，是主人不得不仰賴奴隸的勞動。

黑格爾之後的黑格爾哲學

有個人針對這一點去論證相互承認是否能夠成立，那就是法國的黑格爾研究者科耶夫。

科耶夫用自己獨到的見解解讀黑格爾的《精神現象學》，在現代歐洲復興了黑格爾哲學。

科耶夫主張，不得不仰賴奴隸的主人承認了奴隸，之後便能夠相互承認。結果造成人們認為黑格爾哲學就是階級鬥爭理論。

後來，法蘭西斯・福山受到科耶夫影響，將黑格爾帶入現代社會。他援引黑格爾的歷史哲學，論證自由主義在冷戰中的勝利即為「歷史的終結」，引起話題。因為黑格爾假設自由會隨著歷史的洪流逐漸進步，而其進化的終點就是日耳曼國家。

不過，其實歷史的終結本來是科耶夫的說法。當然，福山的預測完全失準，實際

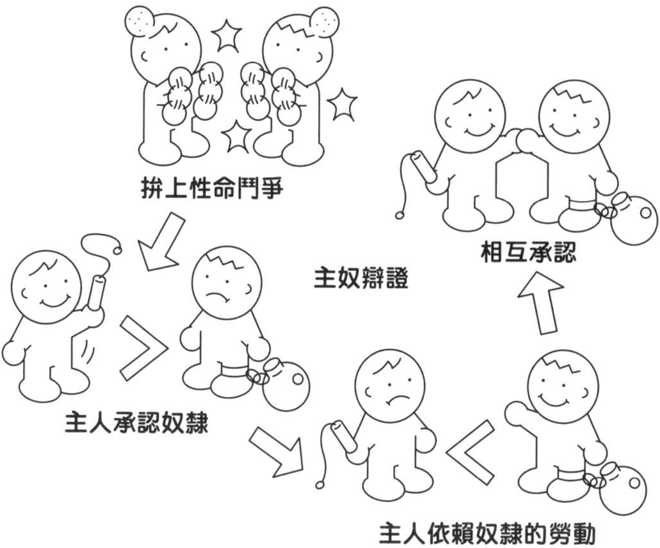

上歷史並沒有終結，因為時至今日恐怖主義依然四處肆虐，鬥爭還在持續。

可是，如果將這些事視為辯證法的過程，就可以說黑格爾哲學至今依然適用。因為人的意識會經歷迂迴曲折的過程，持續成長下去。

蘇格拉底

（西元前469左右～399）

古希臘哲學家。蘇格拉底在四十歲的時候，聽到神諭說自己是世上最有智慧的人，因此開始研究哲學。最後，他向詭辯家們提出一連串的問題，領悟了「無知之知」的道理，意思就是對於不知道的事情最好保持謙虛的態度。為了探究真理而提出問題稱作「反詰法」，這也成了日後人們研究哲學的基本方法。

哲學（Philosophy）一詞，據說是蘇格拉底結合了意味著愛的Philia與意味著智慧的Sophia二字所創造出來。他沒有留下著作，但可以透過柏拉圖留下的對話錄了解其思想。

格奧爾格・威廉・弗里德里希・黑格爾
（1770～1831）

德國哲學家。黑格爾被稱為德國唯心主義的集大成者，甚至被譽為位居近代哲學頂點的人物。因為他自己也主張要系統化並完成過往的哲學。不過，他的系統化是否成功這一點實際上仍存在爭議。

他年輕時懷才不遇，在三十七歲發表處女座《精神現象學》之前，都沒有在大學得到正規的職位。不過，他最終當上了位居學術行政之首的柏林大學校長，對當時屬於發展中國家普魯士王國的改革貢獻頗豐。另著有《法哲學原理》、《大邏輯》等書。

亞歷山大・科耶夫

（1902～1968）

出生於俄羅斯的法國哲學家。他的黑格爾研究對現代思想帶來極大影響。1933～1939年，他在巴黎高等應用學院講授黑格爾的《精神現象學》，許多著名的知識分子都上過他的課，這堂課因此成了日後黑格爾研究在歐洲重新受到重視的契機。其講課內容後來以《黑格爾導讀》為題出版，成了在黑格爾研究上不可或缺的教科書。

科耶夫不僅研究黑格爾哲學，也構思出自成一格的本體論——能量本體論（Energology）。著有《法權現象學綱要》、《概念、時間與話語》等書。

法蘭西斯・福山
（1952～）

美國政治學家。從姓氏就能看出，他是第三代日裔美國人。過去曾是新保守主義的代表性政治思想家，現在則與新保守主義保持距離並展開批判。於1989年冷戰結束時期發表的論文《歷史的終結？》廣受矚目。他在這篇論文裡援引黑格爾的歷史哲學，說在自由主義國家取得最終的勝利後，人類進步的歷史迎來了終結。

之後他還發表了探討科學技術的《後人類未來：基因工程的人性浩劫》。另著有《政治秩序的起源》等書。

第 9 章

你的名字 × 加百列

確認與人之間連結的方法

本章會以《你的名字》作為切入點，並運用思辨實在論與新現實主義作為分析工具，論述意識的連結。世界究竟是什麼？而人類又該如何生活？

這個世界偶然變成別的世界

《你的名字》在全世界爆紅。用意識的觀點分析這部作品，會發現它的核心主題是在偶然與必然之間忽斷忽連的意識連接。

所以我要從超越時空的人類主觀性這個視角重新審視，只能生存在與他人連結中的人類意識。為此，無可避免地一定會提到這部作品的關鍵劇情，還請各位諒解。

接下來馬上就要提到那個關鍵劇情。瀧與三葉之間明明有著三年的時間差異，為什麼卻可以相遇呢？

這是因為，相異的兩個時空因為一些意想不到的原因連結在一起了。

他們兩人在作夢的時候靈魂互換，到另一個時空生活。兩人之間唯一的連結就是留在手機裡的訊息。每個人都認為現實中不可能發生這種事。

但是，最新的現代思想卻認為這是有可能的。

那就是由法國哲學家甘丹・梅亞蘇所提出的思辨實在論。

梅亞蘇批判相關主義，也就是事物要透過與人之間相關性才得以存在的思想。而相關主義自近代以來就一直被視為理所當然的大前提。

稍微思考一下就能明白，此刻在你眼前的東西，對你而言應該都具有某種意義。電腦是你用來工作的器材，時鐘是你用來確認時間的工具，咖啡是你喝的飲料，窗外的風景是你看的東西。

也就是說，存在於這世上的一切事物都與你相關。

然而，梅亞蘇卻質疑這個前提。

言下之意就是，這個世界上應該也存在著與我們毫無關係的事物。問題是，該如何證明這一點呢？

接下來要說的就是梅亞蘇思想的獨特之處，他竟然反過來利用相關主義，來證明自己的理論。既然所有事物都與我們有關，那麼追根究柢之後，應該也會存在我們所不知道的領域才對。

也就是說，未知事物是有可能存在的，只是我們不知道而已。換言之，就是完全不存在「不可能」的事，只是我們還不知道這些事而已。

於是梅亞蘇主張，這個世界有可能變成不是現在這副模樣。這個世界有可能在完全偶然的狀況下變成別的世界——這就是梅亞蘇的結論。

偶然性是必然的。偶然的必然性就是指，這個世界是受偶然所支配。因此，世界也有可能在某個瞬間完全變樣。

意識會忽斷忽連

瀧與三葉的日常可以說是被捲入了這種突然間的世界變化。話說回來，日常生活中在夢裡和別人交換靈魂這件事本身也是相當劇烈的變化。不過，這裡該關注的，是其中唯一一個沒有變化的部分，也就是本人的意識。

畢竟是在作夢，在某種意義上或許本人的意識也斷斷續續，但是它依然是本人的意識，這一點並不會改變。即使用別人的身分生活，內心依然是自己。

其實這可以說是我們平常就在體驗的感覺。

應該沒有人每天都在夢裡和別人靈魂互換吧？不過，大家應該每天都會睡覺。睡眠期間意識不會運作，所以就和死了沒兩樣。如果你每天從入睡後到清醒前都持續在做夢的話，那就另當別論，但一般來說，人都會有意識消失的時候。

然後我們甦醒，重新開始生活。就好像每天都會死去然後重生，所以也可以說我們每天都是不同的人。

但我們卻沒有這種感覺，這是為什麼呢？

因為入睡前和清醒後的意識是相連的。

這可以說是保持自我的最低條件。若是意識沒有相連的話，我們就會搞不清楚自己是誰了，對吧？失憶的人就是處於這種狀態，所以會感到不安。

生活在這充滿不確定的世界上確實很辛苦，也會感到很不安吧。

不過，只要注意到每天的意識都會連結在一起這件事，應該就能稍微拿出自信了吧？

而且會在自己內部相連的，不是只有入睡前和起床後這兩個意識。過去某個時間點的意識和現在的意識也可以相連，就像瀧與三葉回想起他們是在過去相遇的一樣。

人的意識相當複雜，就像是容量無限的倉庫一樣，裡面塞滿了無數的記憶，這些記憶有時候會與自己現在的意識相連。

回過神來，那些模糊不清或已經遺忘的事物就會突然帶著真實的形體出現在我們面前。我們用「想起來」來表現這種狀況，就像是從倉庫把它們拿出來一樣。

三葉的記憶，不，應該可以說是基因，想起了遙遠的過去，那個連自己都尚未存在的遙遠過去。這也可以說是意識的連結，也就是忽斷忽連的意識螺旋。

而且這種狀況不僅會發生在自己身上，有時候我們中斷的意識也會與他者相連。在晝夜相遇並交會的「黃昏之時」，瀧與三葉跨越時間，再次相遇。明明兩人在同一個場所對話，卻看不見彼此，當然也觸碰不到彼此。因為他們所處的時間不同，這也是莫可奈何的事。

即便如此，他們兩人的意識依然在那裡相連了。因為意識是一種可以超越時空，超越個體的存在。就算看不見，意識也存在於這個世界。

《你的名字》用編織繩結作為兩人意識連結的隱喻。而這個編織繩結，也被描寫為連結無法避免死亡的人類靈魂物品。

沒錯，我想意識會超越時空連結在一起這個事實，對於無法避免死亡的我們來說，就像是最後的希望。人在生命的尾聲會留下什麼呢？遺言嗎？以有形的東西來說，或許是遺言沒錯。不過最後留下來的肯定是意識。相信意識會永遠留在世上，我們才能夠平靜地結束生命，對吧？

世界不存在嗎？

或許會有人覺得，只有意識存在是不夠的吧。那麼就讓我來告訴這些人另一個驚人的事實吧。

那就是，在夢境裡看到的東西有可能都是存在的。

就像瀧和三葉在夢裡看到的世界是實際存在的一樣。這不只是故事設定而已，實際上有一名現代哲學家也提出了這個想法。

他就是被譽為年輕天才的德國哲學家馬庫斯・加百列。

他出了一本名為《為什麼世界不存在》的暢銷書，將「新現實主義」或稱「新本體論」的思想一舉推廣到全世界。

加百列說，當我們說看見一座山，僅僅是意味著那座實際存在的山？還是意味著從各種地方觀看那座山的所有人的視角？他針對這一點提出了全新的立場。

在此之前只有兩種論點，一是事物的存在與每個人各自的認知無關，該事物本身就是存在；二是所有事物都是我們認知下的產物。

這兩種想法不斷地在衝突。

而加百列對此的見解如下。

現實中存在各種作為我們思考對象的事實，而攸關這些事實的思考也具備相同權利，存在於現實之中。

也就是說，這個世界並不是沒有觀察者存在的世界，也不僅僅是觀察者眼中的世界。事物要藉由某人的意識才能夠存在，但並不代表它們只是意識的產物，而是在意識的幫助下它們才得以真正地存在。

最後得出以下結論：在此前提之下存在許多個小世界，但是並不存在一個囊括所有小世界的「世界」。

所謂的「世界不存在」就是這個意思。因此加百列才會另外主張「除了世界以外的所有東西都存在」。

世界不存在，但是我們的意識隨時都存在，而這些意識所捕捉到的每一個小世界也都確實存在。

瀧和三葉能夠再次相遇，是不是因為他們的心裡一直相信著這一點呢？他們在夢裡看見的小世界都是存在的。三葉的祖母說：「夢總有一天會醒。」或許真是如此。可是，就算夢醒了，在夢裡看見的世界依然會留下來。在這個世界的某處。

從意識連結的角度來看，意識應該是可以與世界相連的吧。意思就是，我們認為應該是夢的事情，也有可能與現實世界相連。或者也可以把我們心裡曾經想過的事直接視為現實。

人會去意識事物，具備意志，也會懷抱希望，無論願望是否能夠實現。因此如果不去實現，就會萌生退意，說出「反正辦不到」、「那種東西根本不存在」之類的話。

然而，根據加百列所說，只要曾經在心裡想過，那個事物就會成為實際存在的事物，所以用不著放棄任何事。

只要有意識到，它就存在於這個世界。而且不是自己的幻想，而是以與他者共享的狀態實際存在。

假設你大喊：

「我絕對要實現夢想。」

實現夢想這件事就已經存在於這個世界了。也就是說，在你說出口的這一刻，名為實現夢想的專案就啟動了。

意識會在自己內部忽斷忽連，與他者之間也是一樣。

與世界之間的關係亦是如此。所以我們會持續尋找自己意識連結的目標，伸出手，問道：「你的名字是？」

讓意識「覺醒」的哲學

後人類主義的時代

本章透過意識的覺醒，援引時下最新的哲學，試著探索了意識的可能性。因此這裡要來簡單介紹一下最新的哲學潮流。一言以蔽之，這股潮流可以稱為後人類主義，也就是從以人類為中心看待世界和事物的想法轉換而來的思想。稍微狹義一點，也可以取引領這個潮流的思想之名，稱之為幻設轉向。

幻設轉向是這十年間逐漸為思想界帶來巨大衝擊的一股潮流。

其先驅是法國哲學家甘丹・梅亞蘇，以及推廣前者思想的美國哲學家格拉厄姆・哈曼。梅亞蘇提倡象徵偶然性時代的思辨實在論，而哈曼則提倡象徵物的時代的物導向本體論（Object-Oriented Ontology，簡稱OOO）。

加入他們的議論，卻以批判立場取得大幅進展的人物，則是德國的年輕才俊馬庫斯・加百列。

當然，除了他們以外還有其他重要的相關人士，但我想先聚焦於在日本逐漸為人所知的這三位主要人物，介紹其思想。

據說思辨實在論這個詞語出現的契機，是二〇〇七年在英國舉辦的工作坊。當時梅亞蘇是其中一名主辦人。梅亞蘇在那裡發表了他的主要著作《有限之後》，一下子就獲得許多關注。

梅亞蘇在此提出了相關主義概念。這可以說是與幻設轉向潮流共通的核心概念。

相關主義是一種認為事物只能藉由與人之間的相關性才得以存在的思想。比如事物是因為人類看得見才存在於此這個說法，可以說是一種以人類為中心看待一切的思想。

長久以來，哲學領域都將相關主義當作前提。然而，梅亞蘇卻質疑此前提。認為要是把相關主義當作前提，人就不能去思考自己無法認知的事物。

如同先前所說，梅亞蘇竟然藉由貫徹相關主義來解決問題。

只要貫徹以人類為中心思考的相關主義，就必定會遇到人類無法思考的部分。於是就能得出結論：這個世界上存在人類不知道的事物。

這個世界搞不好也會變得不是現在這副模樣。也就是說，這個世界有可能在完全偶然的狀況下變成別的世界。

於是就會出現《有限之後》這本書副標題「偶然的必然性」的狀況。意思就是，偶然的事件必然會發生。

因此，世界就暴露在無可避免的偶然性之下。

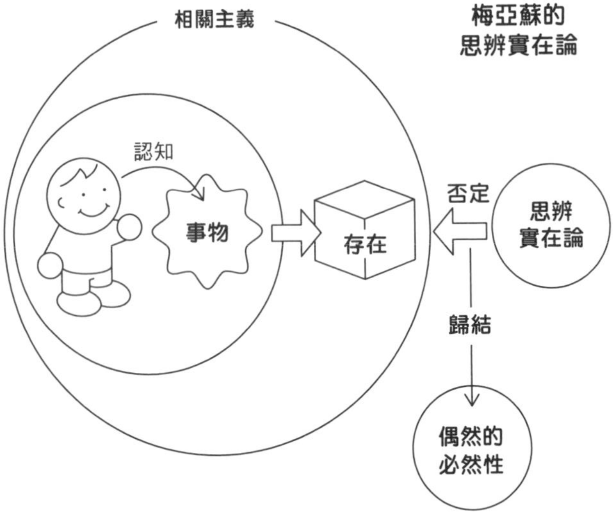

那麼，梅亞蘇的哲學與哈曼的思想是如何產生聯繫的呢？

哈曼的思想就是前面提過的物導向本體論，簡稱OOO。

如同先前所述，哈曼是梅亞蘇思想的推廣者，可以說是他們兩人一起帶起了幻設轉向的潮流。因此他也和梅亞蘇一樣批判相關主義，提倡非人類中心主義。

不過，哈曼思想的特徵是，他設想接下來會是僅有物的世界。因此嚴格來說，他不算是一名思辨實在論哲學家。

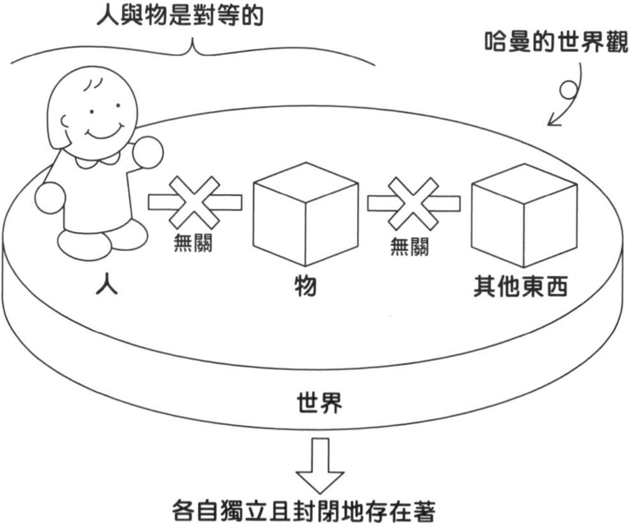

在哈曼所描繪的世界，無論是物或是人，一切都是對等的。

他還說，所有的物都是封閉的存在。換言之，物與物之間並沒有相互關係。

物的存在獨立於人之外，不僅如此，物與物之間也沒有任何關係。彼此獨立的各種物描繪出了世界的樣貌。它們只是每一刻都獨立、持續地變化著。

這也算是與現代物理學理論整合的理論。因為如果所有事物都是量子層級的話，就算人類看不出來，它們也隨時都在變化。

加百列的新現實主義

然而，這聽起來就像是在說人類的認知是錯誤的，科學才是正確的。而馬庫斯・加百列就針對這一點展開批判。

加百列認為科學只是其中一種看待物的方式，對這個科學全盛時代下了戰帖。憑藉著優異的文筆，他的著作《為什麼世界不存在》在全世界暢銷，表示這份戰帖逐漸為大眾所接受。

加百列的立場是「新現實主義」，或稱「新本體論」。

舉例來說，當我們說看見一座山，僅僅是意味著那座實際存在的山？還是意味著從各種地方觀看那座山的所有人的視角？他針對這一點介紹了好幾種立場，並表明自己的立場如下。

現實中存在各種作為我們思考對象的事實，而攸關這些事實的思考也具備相同的權利，存在於現實之中。言下之意就是，這個世界並不是沒有觀察者存在的世界，也不僅僅是觀察者眼中的世界。這就是新現實主義。

最後得出以下結論：在此前提之下存在許多個小世界，但是並不存在一個囊括所有小世界的「世界」。

所以他才會斷言「世界不存在」。這個結論乍看之下很聳動，但只要想到平行世界的存在，應該就能夠理解。因為平行世界就代表同時有許多個小世界存在。

他認為，就算我們與眼前的人在談論同一件事，也只是彼此的小世界碰巧重疊了而已。

這個思想與他說的「意義領域」或「對象領域」有關。意思就是，人類所能認識的，只有自己意識到並視為認識對象的領域。只有在這個領域裡，意義才會顯現，而顯現出來的意義，正是那個東西的存在本身。反過來說，存在必須要有意義領域。這一點也適用於世界這個存在。換句話說，世界這個存在也必須立足於意義

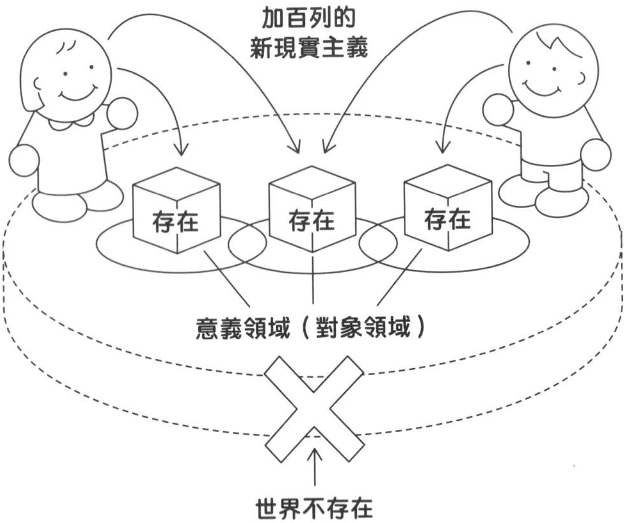

領域才得以顯象。

然而，世界是代表「一切」的概念，所以如果其外側有意義領域，就會產生矛盾，於是得出世界不存在這個結論。

不過，這只是新現實主義的其中一個結論而已。重點在於，事物會顯露出無數的意義，當意義交會時，我們才有可能用同樣的方式去認知同一個事物。

事物會隨著我們找到意義而實際存在。

這個大膽的意見雖然受到來自各

種角度的批判，但同時也逐漸孕育出了新的哲學。由過去哲學定義的意識概念也跟著被刷新。

它未來又會變得怎麼樣呢？生活在現代的我們也不妨試著加入論戰吧。因為，各位讀者應該已經透過本書以動漫作為切入點的哲學討論，達到那個境界了。

甘丹・梅亞蘇
（1967～）

法國哲學家。幻設轉向的代表人物。為了顛覆自康德以後的主流哲學，提出相關主義的概念，並倡導這個世界上偶然的必然性。其思想被稱為思辨實在論。

著名哲學家阿蘭・巴迪歐給予他很高的評價，使他一舉成名。著有《有限之後：論偶然的必然性》、《數與塞壬》等書。

格拉厄姆・哈曼

（1968～）

美國哲學家。關注梅亞蘇思想，是將思辨實在論推廣到全世界的功臣。在新哲學的發展上擔任製作人的角色，積極發表言論。

將自己的思想稱為物導向本體論（Object-Oriented Ontology，簡稱OOO），提出將物視為獨立存在的獨到見解。著有《四方對象》等書。

馬庫斯・加百列

（1980～）

德國哲學家。是一名年輕的天才，也是德國史上最年輕的哲學教授。將新現實主義推廣到全世界。有人說這是他試圖更新悠久傳統的德國觀念論所做的充滿野心的嘗試。

不僅僅是學術上的成就，他也寫了很多如《為什麼世界不存在》這類面向一般大眾的著作，該書也成了世界級的暢銷書，因此他也經常登上媒體，作為一名知識分子拓展活躍領域。還著有《神話、瘋狂與笑聲：德國唯心論中的主體性》等書。

第 10 章

動漫 × 肯定不成熟

成長過程中的意識糾葛

經過先前的分析，我們明白了一些事情。本章會基於這些事情，以肯定不成熟作為切入點，探討動漫中意識成長這件事本身的意義。動漫究竟能在我們真實人生中擁有什麼樣的意義呢？

提高意識就是自我提升與成長

至今為止我們用了各式各樣的方式來探討意識的變化。基本上我們探討的內容是意識的成長，但是談到意識的否定、航海、陷入迷宮等等，應該有很多人會疑惑：這些真的是成長嗎？

我在這本書中想強調的，是成長過程中內心糾葛的重要性。經常在動漫中看到的意識成長這個母題，也是肯定意識的糾葛。意識在成長的過程中不可能沒有遇到任何問題，就像一個人在成長的過程中不可能沒有遇到任何問題一樣。

人要經過內心糾葛才能獲得成長。然後克服各式各樣的問題，逐漸長大成熟。不過，我們未必要肯定成熟，這一點希望大家不要有所誤解。

動漫這個媒體也是如此，動漫並沒有歌頌作為終點的成熟。動漫的特色反而是對不成熟表示欣賞與肯定，將青澀感描繪得極為生動。這就是動漫的優點。

仔細想想，青少年如「青」字所示，就是一種青澀的存在。而動漫總會刻意將主角設定成這種青澀的存在，所以動漫當然是肯定青澀。

而且，青澀就是內部潛藏著成熟部分的概念，這一點也是無庸置疑。青澀的前提是總有一天會成熟，因為不可能永遠維持在青澀的狀態。糾葛由此而生。有的人掙扎著不想成為大人，有的人卻是掙扎著想快點成為大人。

他們的共通點就是掙扎。動漫中描繪了掙扎的美麗、激烈與美好。在這麼多作品之中，我想特別拿出來講的，正是那各式各樣的掙扎形式。

因為，其實即便成了大人，我們還是會繼續掙扎。

不，應該說是不得不繼續掙扎。

意識存在於人的核心。自從近代初期，法國哲學家勒內・笛卡兒提出這個觀點以來，這個觀點就一直被當作真理。笛卡兒所說「我思故我在」，也明言意識就是人類的本質。

因此提高意識，就等同於自我提升與成長。

在這層意義上，說我們是為了提高意識而日復一日地鑽研學問也不為過。包含那些因為做不到而煩惱的人，以及想要逃離的人。

在動漫裡，試圖提升意識的掙扎是受到肯定的，同理，在我們的人生中，追求成長的掙扎這件事本身也應該要受到肯定才對。換句話說，不成熟這件事本身應該是要受到肯定。

因為如果否定不成熟，我們就只能停下腳步了。

煩惱的意識才是意識的原始型態

成熟一詞具有雙義性，它有表示完成的正面意義，也有表示結束的負面意義。遺憾的是，我們不能憑自己的意思去選擇其中一方。

因此我們最好不要成熟到底。永遠保持青澀、持續掙扎，才能精力充沛地過日子。我們不管長到幾歲都喜歡看動漫，或許就是這種意念的體現吧。

一開始，我是因為動漫既好懂又有很多成長故事，才選擇以動漫作為切入點，然而最後我發現，在思考意識的型態這件事情上，動漫中描繪的不成熟、掙扎這些部分才是最重要的。

也就是說，煩惱的意識才是意識的原始型態。

雖然這也是從用哲學分析動漫的結果中了解到的事情，但只要我們還在煩惱，意識就會像爬上螺旋樓梯般逐漸成長，所以請大家放心煩惱吧。

結語

動漫╳哲學的可能性

本書嘗試了以動漫作為切入點來討論哲學。將連小孩子都看得懂的動漫，與連大人都覺得艱深難懂的哲學結合在一起，或許有點像是特技表演。不過，如今這類的嘗試逐漸廣為流傳。

因為日本動漫已經達到了大人也能觀賞的高度，同時也是受到御宅族所喜愛的專精領域。在這層意義上，哲學有深度的形象與專精的形象是可以與其搭配。

但如果是這樣的話，內容本身無論如何都會變得很專精。哲學的部分也是，會變成以現代思想或分析哲學這種感覺很艱澀的領域為依據，針對一小部分專精族群的解說。

雖然這樣也很有趣，但我覺得在這裡停下腳步太可惜，倒不如說，我覺得有必要讓動漫的親切感結合哲學那揭露事物本質的功用，讓更多人體會到哲學的樂趣。

因此本書以家喻戶曉的動漫作品作為切入點，並盡量選用簡單易懂的哲學，挑戰解讀藏在動漫作品中的訊息。因為我認為，如此一來就能揭露隱藏在作品中的訊息本質。

我將這種以動漫作為媒介的哲學稱為「動漫哲學」，並將之視為一個全新的類別。我曾經出過一本名為《用吉卜力動畫探討哲學（暫譯）》的書，並很榮幸地獲得好評。從這一點來看，動漫哲學與動漫的無限可能性成正比，其可能性似乎也是難以估量的。

希望本書也能成為拓展那無限可能性的一本書。

最後，先前在正文中也提過，書籍不可能僅憑一人之力出版。我想藉此機會特別對ＫＡＮＫＩ出版的編輯朝海寬先生表達感謝，從企劃到校對，都是在他的幫助下，我們同心協力完成的。

二〇一九年　三月吉日　小川仁志

参考文献

第 1 章

・PASH!　編集部編『TVアニメ「おそ松さん」公式ファンブック われら松野家6兄弟！』主婦と生活社、2016年

・ニーチェ『ツァラトゥストラはこう言った』全2巻、氷上英廣訳、岩波書店、1967年

・ニーチェ『道徳の系譜』木場深定訳、岩波書店、1964年

・フリードリッヒ・ニーチェ『悦ばしき知識』信太正三、筑摩書房 、1993年

・フリードリッヒ・ニーチェ『人間的、あまりに人間的』全2巻、池尾健一、筑摩書房、1994年

・ニーチェ『善悪の彼岸』木場深定訳、岩波書店、1970年

・ショーペンハウアー『意志と表象としての世界』全3巻、西尾幹二訳、中央公論新社、2004年

・ジョルジュ・バタイユ『エロティシズム』酒井健訳、筑摩書房、2004年

第 2 章

・宮崎駿『風の帰る場所 ナウシカから千尋までの軌跡』文藝春秋、2013年

・『スタジオジブリ大解剖』三栄書房、2016年

・小川仁志『ジブリアニメで哲学する』PHP研究所、2017年

・西田幾多郎『善の研究』岩波書店、1979年

・上田閑照編『西田幾多郎哲学論集〈1〉場所・私と汝 他六篇』岩波書店、1987年

・ウィリアム・ジェイムズ『純粋経験の哲学』伊藤邦武訳、岩波書店、2004年

・藤田正勝編『種の論理　田辺元哲学選I』岩波書店、2010年

・三木清『三木清歴史哲学コレクション』書肆心水、2012年

・三木清『構想力の論理』岩波書店、1939年

第 3 章

・『アニメ サザエさん公式大図鑑　サザエでございま〜す！』扶桑社、2011年
・フジテレビ『ちびまる子ちゃん大図鑑ＤＸ』扶桑社、2015年
・小田扉『団地ともお ともお参上』小学館、2013年
・和辻哲郎『倫理学』全４巻、岩波書店、2007年
・マイケル・サンデル『リベラリズムと正義の限界』菊池理夫訳、勁草書房、2009年
・マイケル・サンデル『これからの「正義」の話をしよう』鬼澤忍、早川書房、2011年
・アリストテレス『ニコマコス倫理学』全２巻、高田三郎訳、岩波書店、1971-1973年
・ヘーゲル『法の哲学』全２巻、藤野渉、赤沢正敏訳、中央公論新社、2001年

第 4 章

・エヴァ用語事典編纂局『エヴァンゲリオン用語事典』第２版、八幡書店、1998年
・兜木励悟『エヴァンゲリオン研究序説〈新版〉』データ・ハウス、2007年
・特務機関調査プロジェクトチーム『エヴァンゲリオンの謎』青春出版社、2009年
・フェルディナン・ド・ソシュール『一般言語学講義』小林英夫訳、岩波書店、1972年
・レヴィ＝ストロース『悲しき熱帯』全２巻、川田順造訳、中央公論新社、2001年
・クロード・レヴィ＝ストロース『野生の思考』大橋保夫訳、みすず書房、1976年
・ジャック・デリダ『エクリチュールと差異』合田正人、谷口博史訳、法政大学出版局、2013年
・ジャック・デリダ『グラマトロジーについて』全２巻、足立和浩訳、現代思潮新社、2012年

第５章

・鳥山明著『30th Anniversary ドラゴンボール超史集―SUPER HISTORY BOOK』集英社、2016年

・『NARUTO究極考察新時代の光と影』英和出版社、2015年

・キルケゴール『世界の名著40』桝田啓三郎編さん、中央公論新社、1966年

・J―P・サルトル『実存主義とは何か』伊吹武彦訳、人文書院、1996年

・エマニュエル・レヴィナス『存在の彼方へ』合田正人訳、講談社、1999年

・レヴィナス『全体性と無限』全２巻、熊野純彦訳、岩波書店、2005-2006年

第６章

・尾田栄一郎『ONE PIECE magazine Vol.1』集英社、2017年

・ラッセル『幸福論』安藤貞雄訳、岩波書店、1991年

・アラン『幸福論』神谷幹夫訳、岩波書店、1998年

・ヒルティ『幸福論』草間平作、大和邦太郎訳、岩波書店、1961-1965年

第７章

・『ポケットモンスター サン＆ムーン ポケモン全国大図鑑』小学館、2017年

・レベルファイブ監修『妖怪ウォッチワールド 全方位まるわかりガイドブック』小学館、2018年

・ベルクソン『時間と自由』中村文郎、岩波書店、2001年

・ベルクソン『物質と記憶』熊野純彦、岩波書店、2015年

・ベルクソン『創造的進化』真方敬道訳、岩波書店、1979年

・ジル・ドゥルーズ、フェリックス・ガタリ『アンチ・オイディプス』全２巻、宇野邦一訳、河出書房新社、2006年

・ジル・ドゥルーズ、フェリックス・ガタリ『千のプラトー』宇野邦一、小沢秋広他訳、河出書房新社、 2010年

第８章

・小学館ドラえもんルーム編『ド・ラ・カルト ドラえもん通の本』小学館、1997年
・世田谷ドラえもん研究会『「ドラえもん」の秘密 第3版』データ・ハウス、2011年
・ヘーゲル『精神現象学』長谷川宏訳、作品社、1998年
・ヘーゲル『歴史哲学講義』長谷川宏訳、岩波書店、1994年
・アレクサンドル・コジェーヴ『ヘーゲル読解入門』上妻精、今野雅方訳、国文社、1987年
・フランシス・フクヤマ『歴史の終わり』全２巻、渡部昇一訳、三笠書房、2005年

第９章

・新海誠『新海誠監督作品 君の名は。公式ビジュアルガイド』KADOKAWA、2016年
・カンタン・メイヤスー『有限性の後で』千葉雅也、大橋完太郎、星野太訳、人文書院、2016年
・グレアム・ハーマン『四方対象』岡嶋隆佑監訳、人文書院、2017年
・マルクス・ガブリエル『なぜ世界は存在しないのか』清水一浩訳、講談社、2018年

【作者簡介】

小川仁志

◉—哲學家。山口大學國際綜合科學院教授。一九七〇年生於日本京都府。自京都大學法學院畢業後，任職於伊藤忠商事。離職後當了四年半的自由工作者，之後於名古屋市公所任職。在市公所工作的同時，於名古屋市立大學研究所取得博士學位（人類文化）。曾任德山工業高等專門學校副教授、美國普林斯頓大學客座研究員，而後從事現職。專業領域為公共哲學。因為擔任NHK 教育頻道節目「向聞名全球的哲學家諮詢人生」的顧問，以及長年主辦「哲學咖啡館」而為人所知。

◉—著有《哲学の最新キーワードを読む「私」と社会をつなぐ知》（講談社）、《AIに勝てるのは哲学だけだ》（祥傳社）、《これからの働き方を哲学する》（RIBERALSYA）等書。監譯作品有《「正義」はきめられるのか?》（KANKI出版）。

送給與動漫相遇的你——自我探索引領指南

出　　版／楓樹林出版事業有限公司
地　　址／新北市板橋區信義路163巷3號10樓
郵政劃撥／19907596 楓書坊文化出版社
網　　址／www.maplebook.com.tw
電　　話／02-2957-6096
傳　　真／02-2957-6435
作　　者／小川仁志
翻　　譯／王綺
責任編輯／吳婕妤
內文排版／楊亞容
港澳經銷／泛華發行代理有限公司
定　　價／380元
初版日期／2024年7月

國家圖書館出版品預行編目資料

送給與動漫相遇的你：自我探索引領指南 / 小川仁志作 ; 王綺譯. -- 初版. -- 新北市 : 楓樹林出版事業有限公司, 2024.07　面 ; 公分

ISBN 978-626-7394-99-1（平裝）

1. 哲學 2. 動漫 3. 通俗作品

100　　113007704